中华经典百句

老子百句

汪涌豪 著

中华书局

图书在版编目(CIP)数据

老子百句/汪涌豪著. —北京:中华书局,2023.11
(中华经典百句)
ISBN 978-7-101-16339-1

Ⅰ.老… Ⅱ.汪… Ⅲ.《道德经》-研究 Ⅳ.B223.15

中国国家版本馆 CIP 数据核字(2023)第 175673 号

书　　　名	老子百句
著　　　者	汪涌豪
丛 书 名	中华经典百句
责任编辑	张媛媛　贾雪飞
封面书画	茆 帆
封面设计	毛 淳
责任印制	管 斌
出版发行	中华书局
	(北京市丰台区太平桥西里 38 号　100073)
	http://www.zhbc.com.cn
	E-mail:zhbc@zhbc.com.cn
印　　　刷	天津善印科技有限公司
版　　　次	2023 年 11 月第 1 版
	2023 年 11 月第 1 次印刷
规　　　格	开本/880×1230 毫米　1/32
	印张 7⅛ 插页 3 字数 120 千字
印　　　数	1-6000 册
国际书号	ISBN 978-7-101-16339-1
定　　　价	49.00 元

　　汪涌豪，教育部"长江学者"特聘教授，复旦大学中文系教授、博士生导师。长期从事中国古代文学与文论研究，兼及当代文化与文艺批评。著作有《中国文学批评范畴及体系》等17种，主编有《中国诗学》等6种。曾获得教育部和上海市高校优秀青年教师奖，省部级哲学社会科学优秀成果奖等多种奖项。2004年起享受国务院颁发的政府特殊津贴。

目　录

引言　箴言的拯救

古今中外，但凡伟大的人物，其出生与离去通常都充满悬念。但像老子这样，连究竟是谁、生在何时何地都成为问题的还真不多。后来，他被奉为道教的祖师，化身仙界，许多事情就更难说清。

二十世纪二三十年代，学界曾就他的身世谜案，包括他是否写过《老子》一书，展开过专门的讨论，可惜本书的篇幅不容我们逐一介绍。读者如想知道，可以去看顾颉刚《古史辨》的第四、第六两册。这里，我们只想就他的思想以及这种思想之于当下的意义作些解说。我们想证明，他短短五千言的醇实叙说，包含有非常深刻伟大的思想，并且这种思想直至今天，仍能给人以深切著明的启发。

看看我们身处的世界，"后现代"与"后后现代"的俗世里，一切的变化都发生得太快，一切的发生又表现得太充分太极端。那种欲望弥盛，虚浮日长，可以见诸大到国家、小到家庭的一切场合;那种任情妄作,违性逆行,又可见诸追赶阶段心态失衡的各色人等。所以,饱受现实困扰的人们才会暂时搁下眼前身心不得回旋的苦闷,返身向古人借取智慧。或以为,等到病已入骨,问题山积,才想到安静下来,听老子教诲,是不是有些晚了?但老子从来就是这样的人,他不因为人们曾经轻忽他的告诫而放弃对人性的救赎。尽管他很能坚持,但更能宽容。他的大道坦夷,他的网漏吞舟。他以天地为教室,川谷草木为教具。他说,只要你从此一刻开始听从自然的指引,你就不会无救。

这样的思想,放在任何一个地方,任何一个年代,都注定不会被埋没。它像一个能生成热能的发光体,照彻世界的边际和人性的背面,既反衬世道的荒败,复引导人生的归趣。晚清魏源曾说:"圣人经世之书,而《老子》救世书也。"(《老子本义》)今天,历史的景况已然发生巨大的改变,但我们好像仍然能够认同这样的判断。为什么?原因并不复杂,因为他老人家提出的问题,依然还在那里。

本书就是想就这些问题,对老子的思想作一些解说。或许有人会说,老子的这些思想太过简约,不够丰富。我们不想反对,只相信它会改变。还有,如今,因被人拿来与类似养生术、生态学、自由经济理论甚至宇宙热力学定律相挂连,还有类似万人诵读《道德经》以申请吉尼斯世界纪录的盲目哄抬,老子似乎不再寂寞。但他老人家会认可这种哄抬吗？我们的回答是否定的。但是我们也不想反对，而只相信它会改变。

我们还相信，对能够善体其意的读者，老子仍有期待。这个读者自然可以是中国人，也可以是外国人。事实是，确乎也有许多外国人为老子的思想所折服。如果他能知道，两千多年后，有像托尔斯泰这样的伟人，为能读到他的教诲而深自庆幸，又有像卡夫卡这样不世出的天才，直言对他的思想有无限的钦敬，他应该能够欣慰。后者并称"老子的哲学是坚硬的核桃，我被它们陶醉了，但是它们的核心对我却依然紧闭"。

我们想问的是：你觉得这个"核桃"向你敞开了吗？或者，你是它乐意敞开的那个人吗？

玄的意味

道可道,非常道①;名可名,非常名②。

无,名天地之始③;有,名万物之母④。

故常无,欲以观其妙⑤;常有,欲以观其徼⑥。

此两者,同出而异名⑦,同谓之玄⑧。玄之又玄,众妙之门⑨。

（第一章）

故道生之⑩,德畜之⑪;长之育之;亭之毒之⑫;养之覆之⑬。生而不有⑭,为而不恃⑮,长而不宰⑯,是谓玄德。

（第五十一章）

注释：

①常：马王堆汉墓帛书《老子》甲乙本均作"恒"。常道：天地永恒之道。

②常名：真常不易之名。

③无：指天地初无形相的本始。天地：马王堆汉墓帛书《老子》甲乙本、北京大学藏西汉竹书《老子》均作"万物"。

④有：指万物的发源和原有形质。

⑤常无，欲以观其妙：常体察无，以观道的幽妙。

⑥常有，欲以观其徼：常体察有，以观道的端涯。徼（jiào）：端涯、涯际。

⑦此两者，同出而异名：帛书本作"两者同出，异名同胃（谓）"。

⑧玄：幽昧深远谓玄。

⑨众妙之门：一切玄妙的门径，此处指"道"而言。

⑩道生之：指万物由道而生。

⑪德畜之：指万物由德载育。马王堆汉墓帛书《老子》甲乙本、北京大学藏西汉竹书《老子》无"德"字。

⑫亭：《仓颉篇》："亭，定也。"毒：《广雅·释诂》："毒，安也。"

⑬覆：天载地覆之覆，此处亦化育之意。

⑭不有：不据为己有。

⑮不恃：不自恃其功。

⑯不宰：不横加主宰。

道混同有无称作"玄"。这是《老子》五千言开宗明义就说了的。就"玄"的本意而言,原是指一种阴黑的颜色。大自然中,但凡幽远而无所至极者,其色无不呈现为黑色,或近于黑色,譬如极天,譬如远水。所以,老子借用它来指称大道既不可测识又不能分别的深奥和幽远。老子在言说大道的征象如"谷"或"牝"时,都突出其"玄"的特征,故有"知其白,守其辱(此处"辱"通作"黰",意为"黑"),为天下谷"(第二十八章)、"谷神不死,是谓玄牝"(第六章)之说。

正因为"玄"有此精义,常被解释为妙。老子要人时时处处皆能体"玄",就是要人体此精妙,体悟到道生成天下万物,并内化于万物之中,使之各具稳定的属性。老子称这个为"德",故他说"道生之,德畜之"。其后才是物形与势成,即万物得以呈现出各自的形态,顺应各自的环境。老子还特别推崇道作育万物而不居其功的美德,所谓"生而不有,为而不恃,长而不宰",即它既不自炫其能，也不横加主宰，更不据为己有。他将这种德性称为"玄德"，正是因为它有备极深远的内涵。所以他又说："玄德深矣远矣，与物反矣。"（第六十五章）所谓"与物反矣"，是指能返归本真。能返归本真，在他看来，也就是达致"大顺"之境（第六十五章），即自然之境了。

关于"生而不有，为而不恃，长而不宰"一句，《吕氏春秋》作者以为体现了老子"贵公"的思想。他还说了一则小故事：荆地有人丢了一张弓，但不急着找回来，人问其故，说是：荆人丢了荆人捡，同是荆人，干吗非得找回来？孔子闻此，欣赏之余，又稍稍感到有些缺憾，他说："能除去这句话中的'荆'字才好。"老子听说后，则说："能除去这句话中的'人'字才好。"老子是在玩语言游戏吗？当然不是。当孔子对荆人的说法作出纠正，以为其太执着于国别的时候，老子进而对孔子的说法再行纠正，因为孔子的话太执着于物我了。正如《吕氏春秋》作者揣测的，他的意思是，"天地大矣，生而弗子,成而弗有,万物皆被其泽,得其利,而莫知其所由始",所以何必非要人得到才好呢？道既能不有、不恃、不宰,人为何不能体道而行,放下得失呢？

由推崇"玄德",老子还主张观察事物要"涤除玄览"（第十章）,"玄览"即玄鉴的意思,就是让人深入内心,以心为形而上之镜,让心光照彻事物这样一种直觉而神妙的感物方式,用《淮南子·修务训》中的说法,就是"执玄鉴于心,照物明白"。老子以为,只有如此察识万物,才庶几能够没有瑕疵,而离真正的有道不远。离有道不远,也就具有了"微妙玄通,深不可识"（第十五章）的本领。

要说明的是,这里的"深不可识"不是指一个人有太重的机心,深自隐匿。恰恰相反,是说他不同于形气秽俗之人,急不可耐地求利图欲,让人一眼就看得到底。他清心、寡欲、深沉、安和,和光同尘而不主贵贱,与物大同而又无迹可见,不要说非浅眼者可以一望而知,就是一般人也难以认识清楚，这就是"玄同"（第五十六章）。老子很推崇这样的境界。

作为道的别称，"玄"不可得其形而名之，"玄德"难得，"玄鉴"难有，"玄同"不易，但唯其如此，它才让人寻寻觅觅，让老子费尽了心力。

译文：

可以言说的道，不是常道；可以言说的名，不是常名。

无，是天地的本始；有，是万物的发源。

所以常体无，想要观照道的幽妙；常体有，想要观照道的端涯。

无和有这两者，出处同而名有异，都可称之为幽昧深远的道。幽深复幽深，是一切玄妙的门径。

所以道生成万物，德畜养万物；助长它化育它；安和它稳定它；养护它庇佑它。使其生长却不据为己有，有所兴作却不自恃己能，专主其事却不横加主宰，这就是最幽深的德。

眼睛重要乎？　肚子重要乎？

是以圣人之治，虚其心^①，实其腹，弱其志^②，强其骨。常使民无知无欲。

（第三章）

五色令人目盲^③；五音令人耳聋^④；五味令人口爽^⑤；驰骋畋猎，令人心发狂^⑥；难得之货，令人行妨^⑦。是以圣人为腹不为目，故去彼取此。

（第十二章）

众所周知,在西方,官能感觉作为动物感觉,是被排斥在美的领域之外的。从毕达哥拉斯起,希腊人就仅将听觉与视觉视为审美感官,因为前者能看到对称,后者能听到和谐。亚里士多德也说,听觉与视觉的快感是人的快感,不像吃喝带来的快感仅满足人的生理,属动物的快感。夏夫兹伯里说:"眼睛一看到形状,耳朵一听到声音,就立刻认识到美、秀雅与和谐。"将这个意思说得更清楚了。

以后,康德在备言美是超越利害、不依赖概念的合目的性形式的同时,仍以味觉、嗅觉为近于"机体之官",不如听觉、视觉和触觉之近于"智慧之官"。黑格尔则指出:"艺术的感性事物只涉及视、听两个认识性的感觉,至于嗅觉、味觉和触觉则完全与艺术欣赏无关。""艺术品应保持它的实际独立存在,不能与主体只发生单纯的感官关系。"更后来的利普曼和哈曼等人亦复如此。

中国人本着"类万物之情"的致思习

注释:

①虚其心:指保持内心的虚静。

②弱其志:指保持心志的柔韧。

③五色:指青、赤、黄、白、黑。目盲:此处指眼花缭乱。

④五音:指官、商、角、徵、羽。耳聋:此处喻听觉不灵。

⑤五味:指酸、苦、甘、辛、咸。爽:败,引申为伤、亡,此处喻味觉差失。

⑥发狂:指放荡失常,不知自制。

⑦妨:害,伤。

惯,不好对五官作这样明晰的区分,相反,认为此数者彼此感通,皆有助于人对外物的认识和对美的反映。但老子始终是一个特别的人,在人们惯常的思维面前,他总显得有些与众不同。他的意思,与美味会使人口味败坏一样,纷杂的色彩只会让人眼花缭乱,跳荡的音乐只会使人耳朵失灵。他还将感官之知与人的日常行为联系起来,指出人纵情狩猎容易流于放荡,征逐财货容易逸出正道。因此圣人应该追求低度的满足并甘之如饴,而能屏弃声色诱惑与无节制的物欲享受。

所谓"圣人为腹不为目",听起来很有一点形而下的饕餮(tāo tiè)意味,与其作为思想者的形象大相矛盾。其实,他是用口腹的安饱,即低度的生活需要,来代指一种简单的生活,人一旦满足了这种需要,就应该努力开始精神的追求。从这个意义上说,简朴是一切生活的常态,简朴的生活正是生命纯度的最适切的标志,而适度的缺少恰恰也最可以产生美丽。所以,他要人

"实其腹""强其骨"。林语堂的英译将"腹"解读为"内在自我"（the inner self），以与"目"所代表的外在自我或感觉世界相对，其实有些深求了。这里，他所讲的"腹"就指口腹之腹。老子以为不同于腹易餍足，人的目好常能无穷，并能败乱人的心性和意志，所以他要人"虚其心""弱其志"，所以主张"不为目"。

放眼中外，人类的早期那些披着粗棉粗麻的先哲，大多过着比一般人都要朴素的生活，他们发出的吁请也几乎与老子相同。有的人听到了这个吁请，进而体悟到"足食即美餐"的道理。可还有许多人没有听到，或听到了也没有给予应有的重视。至于那些不知敬重者，更以为这是先哲谋生乏术的遮掩之辞，进而对他们产生一种眼浅量窄的优越感来。想想老子的训教，真是没羞！

译文：

　　所以圣人治国，要人心静无欲，口腹安饱，减损他的心志，增强他的体魄，常让人民没有诈伪之智与贪婪之欲。

　　缤纷的色彩使人眼花；纷杂的音乐让人耳背；美味太厚使人口味败坏；纵情狩猎让人放荡失常；稀有的东西使人行为不轨。所以有道之人重视肚子的安饱而不追逐声色，所以舍弃那后者而取前者。

后进者的私心

　　天长地久。天地所以能长且久者，以其不自生^①，故能长生^②。

　　是以圣人后其身而身先^③；外其身而身存。非以其无私邪？故能成其私^④。

（第七章）

　　是以圣人欲上民^⑤，必以言下之；欲先民，必以身后之。

（第六十六章）

我们以后还会进一步体会到老子的辩证法思想。在这里，老子告诉我们，正如天底下所有的事物都是"有无相生"的，这"前"与"后"也紧紧"相随"（第二章）。唯此之故，圣人立身处世，为了占人先机，首先得置人身后，甚至把自己暂时忘掉。如此先人后己，不把自己太当回事，他才有可能得到人们的尊敬，并被人乐意地推举为自己的首领。此时，非但生命可保无虞，他所安享的发自人们心底的由衷爱戴，足以让他欣慰无比。天可怜见，由于这个人的无私行为，最终竟成就并落实了他的"一己之私"。

如果说，老子还能够接受人们的私心的话，那就仅止于此了。所以，在说及江海善下的道理时，他把这个意思再次强调了一遍。他认为只有这样，人们才不会因占据着上位而感到负累；甚至有时他占尽了先机，人们也不会觉得自己的利益受到了妨害。

以前，许多人都认为老子的这个说法

注释：

①不自生：不自私其生。

②长生：指长久。景龙本、《次解》本、吴澄本、寇才质本、危大有本作"长久"。

③后其身：把自己放在后面。帛书乙本作"退其身"。

④成其私：成就一己之私。

⑤圣人：王弼本缺此二字，据帛书本、景龙本、傅奕本、河上公本等古本补。

太过机巧，暗藏着功利。其实，老子不过是切事近理罢了。试想，一个人能从里往外透着无私，是多不容易的事情，这常见吗？现实吗？想到为了达成这样的境界，这个好人将要受到的种种扭曲与戕害，甚至有可能不能再以正常人的样子出现在公众面前，我们还是更习惯一个与自己差不多的同类。

所以，我们不必要求人无所畏惧，因为人正需要对天地和他人有所敬畏；我们也不必要求人真的能做到大公无私。人活一世，大部分时候遭遇到的都是与大公无关的小事，有时候，大公的关容易把，反而那些与大公无关的小事才着实惹得人心烦。在公司，在机关，在社交圈，在名利场，这样的情景每天都在上演。所以，人是可以有甚至需要有一点点私心的。你表现得太高调，反而使人感到不踏实，感到自己太苍白无力，面目可憎。你什么都不要，让别人怎么办？又怎么想？这样日子一久，你很快就会失去群众的。没了群众，怎么能体现出你的无私呢?

当然,真正领会老子精神的人们,也不应该期待自己红得发紫,却总希望别人过得惨白;时时占住光源,而不想让别人发热闪光。得了名,不让出利;得了利,仍不肯放弃名。让跟着你干的人累死,你自己则一个人快活死。你不是以自己超前的思想和超凡的人格引领大众,你只是身位超前了,很多时候,甚至还是犯规的超前。结果与体育比赛一样,必将孤独地出局。这时候,再切实地感知"后其身而身先"的道理,就为时太晚了。

对着利欲熏心的人们,老子已够有耐心。他没来得及继续说完的道理,我们是不是应该好好领会呢?

译文:

天地长久。天地所以能够长久,是因它不自求生,所以长久。

所以有道之人置身人后,反而能占得先机;置自己于度外,反而能保全自己。不正是因为他无私吗?反而成就了"一己之私"。

所以有道之人要想居于人民的上头,必须谦下地对他们说话;要想走在人民的前头,必须注意掩身其后。

向水学习

上善若水①。水善利万物而不争，处众人之所恶，故几于道②。居善地，心善渊③，与善仁④，言善信，政善治⑤，事善能，动善时⑥。夫唯不争，故无尤⑦。

（第八章）

天下莫柔弱于水，而攻坚强者莫之能胜，以其无以易之。

（第七十八章）

注释：

①上善若水：上善之人，其性如水。

②几：近。

③渊：形容沉静。

④与：相与。

⑤政善治：为政善于达治，此指用无为而达治。"政"，王弼本作"正"。景龙本、傅奕本、苏辙本、林希逸本、范应元本、吴澄本及众多古本均作"政"。"正"与"政"同。

⑥动善时：行动善伺时机。

⑦尤：怨咎。

古希腊哲学家泰勒斯把水当作世界的本源，亚里士多德说他之所以这样认为，是因为看到一切生物皆赖水的滋润。老子也好水，并认为上善之人，必有水一样的善性。

　　什么是水的善性？万物处上它处下，万物处夷它处险，万物处顺它处逆，万物处洁它处秽，此所谓"处众人之所恶"也。在老子看来，这种善处下，能积深，施与万物而仁爱无私，应汛期而至而不错失，平静无为、因地成形的特性，正是大道的最好体现。人如果能由水的这些善性，体悟到立身处世的道理，由此谦虚而安于卑下，深沉而玄妙不测，博爱而无所不施，诚信而一诺千金，并行事端正，行政简平，处后不争，因时屈伸，就是君子。

　　是啊，能屈能伸可见其身段柔软，避高处下可见其和气亲民，这样的人行走四方，所到之处自然是月白风清，广受欢迎的。所以老子又说："江海之所以能为百谷王者，以其善下之，故能为百谷王。"（第六十章)不过,你千万不要以为水只有柔弱,老子又特别指出,冲坚激强,进奔不回,那也只有水能做得到。谁能小看了水!

孔子也是水的崇拜者。《说苑》记载他有一次回答子贡的提问,称:"夫水者,君子比德焉。遍予而无私,似德;所及者生,似仁;其流卑下句倨,皆循其理,似义;浅者流行,深者不测,似智;其赴百仞之谷不疑,似勇;绵弱而微达,似察;受恶不让,似贞;包蒙不清以入,鲜洁以出,似善化;至量必平,似正;盈不求概,似度;其万折必东,似意。是以君子见大水必观焉尔也。"他对水的称美大抵与老子相同。由此一端,可见君子之所以仁山智水,比德自况,实在是有着共通的理由。

今天看来,在水的诸种美德中,容污纳秽一项尤其不易做到,移之于人,凡事理解包容尤其难能可贵。所以中国人每说:"水至清则无鱼,人至察则无徒。"西谚也说:"水浅无船行。"(Where the water is shallow, no vessel will ride.)想一想人生一世,要遇到多少事,接应多少人。生命的幽暗处自然有烟有雾,倘不能宽容,这日子还能过么?所以,就包容或宽容而言,不是你应该,而是你必须。但许多人体会不到这一点,凡事不能包容,遇到切己之事更不能宽容,结果弄到一身狼狈,孤家寡人,自己照镜千般好,转头回身乏人应,狂走四方,难有当意,这份旷夫怨女的凄清,哪里是寂寞两字可以道尽的。

由此想到,一种文化也是如此,也需要彼此理解与包容。今天我们已经是一个跨文化的存在,要发展,仅仅与自己的文化对话远远不够,还要与其他的文化和传统对话。西方文化固然有许多不好的地方,但中国文化同样有精华、有糟粕,所以对于不同文化的审视应该要宽容加包容,学习它的优点,正视它的缺点。你不进入到这种文化中去,永远不会知道它怎么不好,更不会知道如何避免这种不好。

我们的结论是,一个人追求至善至美,必定缺乏包容,并不能宽容;一种文化追求至纯至洁,也必定不能有自信地拿来和宏大地展开,必定无法与其他文化和睦相处,从而沦为文化上的"旷夫怨女"。

这样荒败单一的风景,正可以用穷山恶水来形容了。

译文：

上善之人如水。水善于滋润万物而不与万物争,常留止于众人所不愿意待的地方,所以最接近于道。居处善于选择地方,心地善于保持宁静,待人善于存心仁爱,说话善于遵守信用,为政善于无为而治,处事善于尽力而不逞,行动善于掌握时机。只因为不好与人相争,所以没有怨咎。

天底下最柔弱的莫过于水,但冲激坚硬时没有什么东西能胜过它,是因为没有什么东西能(像它这样有冲击力并因此而可)取代它。

全身的良方

　　持而盈之①,不如其已②;揣而锐之③,不可长保。

　　金玉满堂,莫之能守;富贵而骄,自遗其咎。

　　功遂身退④,天之道也⑤。

（第九章）

注释:

　　①持:执持。盈:盈满,此处有骄傲自满之意。

　　②已:止。

　　③揣(zhuī):捶击。锐之:使尖锐,此处有显露锋芒之意。"锐",郭店简本作"群"。

　　④功遂:功成。河上公本、傅奕本及多种古本"功遂"作"功成名遂"。

　　⑤天之道也:指自然规律。"也"字今本缺,据帛书本补。

说起来，这一招对许多人来说，可能一辈子都没机会使，因为大部分人还没有体尝过功成名就的滋味。这边厢尚未粉墨登台，那边厢已设计好退场机制，怎么说都有点太早。但考虑到将要到来的各种可能，对正努力着往前走的人们来说，这样的设计又未尝不是一种很好的预警。

　　老子说，对一个物件而言，端持着使之盈满，不如作罢的好；捶击它使之尖锐，不可长保无恙。物是如此，人也同样。譬如财富，一味占有，让自己赚得盆满钵满固然好，但背负得多，既不能跑快，又不易放下，长久地保有更有困难，终究是一件麻烦事。再譬如名位，你苦心经营，所获颇丰，固然足可夸耀，但踌躇四顾，骄傲自满，必会招来祸殃。《管子·白心》也说了："持而满之，乃其殆也；名满于天下，不若其已也。"这就大好而不妙了。因此，你一旦成功，若智慧足够，就应选择退出。

　　中国人本着天人合一的传统哲学观，极善于从大自然中获得有益于人生的教训。看到一日之中，太阳升高到中天就开始西沉，四时之运，月亮盈满到顶点就开始亏蚀，很自然地就体悟到天意忌满、人意知止的道理。老子说，如果你真的体悟到了这个道理，还谀什么，又贪什么？你固然应随万物兴起而动，更应随天道无为而止，不多造作，不多兴事，并"生而不有，为而不恃，功成而弗居"（第二章）乃至"功遂身退"，这样功名才有可能不弃你而去。这，就是"天之道"。

当然，"身退"未必就一定得避其位而去，归隐林泉、坚卧不起，或许你的经验和威信是后人永续发展的财富。倒是如何做到功成而不有、不恃、不居、不发露，颇能考较人的智慧。揣摩老子的意思，似乎是这样的：一个人不能居功自傲，更不要因为有一点功劳，就事事求例外，到处去招摇。这样的话，即使身退了，影响不退，大不利于后人的施展；影响退了，心没有退，又大不利于个人的健康。既然都已经退到后台了，就应该忘了前台锣鼓——因为它已经不属于你了。

再想一想人的一生，所谓财富也好，名位也罢，从发足追求的那一刻起，不就连带着许多不尽体面的事吗？甚至不就可以说是一种罪恶吗？都说只有自然拥有，才有可能成为一种美德。你是自然拥有的吗？或者，你拥有得自然吗？这样一想，你就放下啦。

记得孟子说过，孔子之道是"可以退则退"，老子则告诉你，就是为了自己，你也必须选择退，因为这更合乎天道。至于他教你选择在声望达到顶点的时候退，是让你可以最后博一回豁达的美名，所以他是善体人意的。

又记得清人王之春《养静箴言》曾说："谦退是保身第一法。"想来他一定是熟悉《老子》的。帕斯卡尔《思想录》曾说："我们如此自以为是，居然希望自己的声名传遍全世界，甚至让那些在我们死后才来到世间的人也知道。我们又如此虚荣，身边三五个人的好评就能给我们带来愉快和满足。"他读没读过《老子》？还有，西谚有所谓"勇退即勇绩"（A brave retreat is a brave exploit）之说，发明这句格言的人又读没读过《老子》呢？谁都不知道。但因为都是说人的问题，应该有一份感通。

这个世界，已经有许多人从官场和职场中全身退出了。水穷处，云起时，不时可见到他们寒江独钓的身影。这样的人，真是有福。看到他们，你也有福。

译文：

执持使满，不如适时停止；捶击使锐，锋芒难保长久。
金玉满堂，没人能够长守；富贵骄狂，必将自取祸殃。
功成身退，本是天道自然。

窥破那扇门

天门开阖①，能为雌乎②？

（第十章）

塞其兑③，闭其门④，终身不勤⑤。开其兑，济其事⑥，终身不救。

（第五十二章）

注释：

①天门：喻感官。

②为雌：居于雌，即守静之意。王弼本误为"无雌"。然帛书乙本、景龙本、傅奕本及其他古本均作"为雌"。

③兑：口。引申为孔窍。

④门：此处指人的欲门。

⑤勤：劳。

⑥济：成，成就。

在讨论人的修养功夫时，老子提出了这一点。所谓"天门"，并非像有的注家所说，指道和心，也不是指"天下之所由从"或"万物之所由出"。它指的是人的耳目口鼻等具体的感官。因耳为声之门，目为色之门，口为食之门，鼻为嗅之门，且凡此诸端虽尽属欲门，但皆为天所赋予，故称"天门"。

《庄子·庚桑楚》说："入出而无见其形，是谓天门。"《天运》又说："其心以为不然者，天门弗开矣。"由心以为不然，则耳目口鼻皆不为用的说法可知，古人以为感官是受人思维控制的。那么，怎样控制呢？老子提出的方法是"为雌"，即居下而守静。那么，又怎样居下而守静呢？他提出了"塞其兑，闭其门"六个字。

"兑"者，口也，引申为人的一切孔窍，这些孔窍被人用为嗜欲之具，故前面我们已称它们为"欲门"。老子的意思是，如果我们塞住所有引起人嗜欲的感官，关闭一切扰乱人清明的门径，我们将终身不受滋扰。倘若不是这样，任意敞开自己的感官，接应一切纷杂的世相，我们就很有可能因徒长虚浮的智巧，而陡增倾覆无救的危险。

这话听起来有些消极，为什么人不可以奋身迎向声色气味呢？按理来说，有道之人与行道之士是最该如此做的。不迎向前去，备尝甘苦，人怎么能得到心性的锻炼？又怎样提高自己的修为呢？其实，这样想是误解老子了。老子没这么脆弱，也没有一味回避人应该直面的种种现实问题，他不过是说，你最好别恣意地敞开这扇门，放出欲望的小鬼，让它们牵着你走向连自己都不知道的所在。比之用明澈的智慧之光，照彻事理与人心的蔽障，如何打开通向你内心的门，可能是一个更重要的问题。

对照老子素所强调的主张，或许可以这样理解：老子已经窥破了欲门后的诸般与一切，所以才收揽起投向外在的心光，让它洞穿人的心门，去回照人的内体之明。他认为提高人的修养这一点非常重要，所以第五十六章又将此六字重复了一遍。以后,他还会进而说到"不出户,知天下;不窥牖,见天道"（第四十七章）这样的话题。话说得虽然简单,但始终前后相应。首尾一贯处,一点都不见气懈,不见力弱。

无用即大用

三十辐①，共一毂②，当其无，有车之用③。

埏埴以为器④，当其无，有器之用。

凿户牖以为室⑤，当其无，有室之用。

故有之以为利，无之以为用⑥。

（第十一章）

注释：

①辐：车轮中连接轴心与轮圈的木条。古时车轮辐条数目取法月数，由三十根构成。

②毂(gǔ)：轮中插轴的圆孔。

③无：指毂的中空处。

④埏(shān)：用水和泥。埴(zhí)：土。即和陶土做成器皿。

⑤户牖(yǒu)：门窗。帛书甲乙本、北大本无"以为室"三字。

⑥有之以为利，无之以为用：依王弼注为"有之所以为利，皆赖无以为用也"。

有些道理乍一听,你一定不服它的浅显,但往往就是这种道理最深刻,给你的影响也最长久。老子对"有"与"无"的论说就是如此。到现在,你已经无数次地佩服过老子的睿智与深刻,但因为如此简单的事理,你心悦诚服地向他老人家脱帽致敬,恐怕还是头一遭吧。如果你把它说给别人听,别人不一定会信。

这回老子用来引出话题的依然不是什么玄远深奥的东西,它们就存在于你的身边。譬如你做一个木轮子,用木条连接轮圈与车轴,木条与木条之间是空的吧,老子说:唯其中间是空的,才派上了车轮的用场。同理,和陶土做一个食器,食器中间也必须留空,唯其留空,才可以用来盛汤。最直观的例子是,你造一所房子,中虚外实,而且要在四壁开门凿窗。只有四壁当中是空的,空气通过门窗四下周流,那才可以当房子住啊。他的结论是:"有"之所以能给人带来实际的便利,都是因为"无"在起作用,正是无用成就了天下物事的大用。所以,"有无相生"(第二章),有用与无用实在是一件不能轻断的事情。

想问的问题是,你能由此推想下去吗?譬如人文是不是不如科技有用,小说是不是不如自鸣钟有用。在许多人看来,事实就是如此,比之后者,前者简直一无所用。但陀思妥耶夫斯基的作品与蒸汽机同时代,现在蒸汽机已属博物馆的古董了,陀氏的作品却仍然穿戴着光鲜的装帧,给人以深切的感动。再推想开去,中国人经常说"百无一用是书生",书生经常搬来一大堆理论,逞意气、图口快,说是学术争鸣,其实还不是吵来吵去,成事不足,败事有余,所以自来人们都称其为"穷措大"、拈酸挟醋的"两脚书柜"。但你想过吗?一个社会倘若没有读书人在那里指手画脚地挑剔,不留情面地批评,能进步吗?事实是,读书人是最敏感而自信的一群,也是最需要放大和实现自己的一群,尽管现实常常事与愿违。因此,他们通常不为钱吵,不为官吵,只为主义吵。吵过以后,心平气顺,握手论心,是可以成为朋友的。所以贝尔纳-亨利·莱维说:"知识分子就是争吵。"说是争吵,其实就是永远保持着精神的自由。保持了这份傲岸的精神自由,他就可以站在社会的彼岸,用德国人洪堡的话说,成为这个社会的"校正力量"。校正什么?校正那些哪怕已经形成优势的力量,因为并非所有强势的力量,都能将社会引向健康的方向。或许,就最终结果来看,未见得有用。但即便是这样,对一个社会的精神成长而言,它或许已经发挥了影响。

毕竟这个世界上有许多事、许多人,需要无用之人的提点。更有许多书与有用无关,而仅为无用的理想或情趣存在。只要想一想世上没有了这样的无用之物,人生将单调到什么样子,你就明白老子实在伟大了。

由此再想到，人既要带着成事的目的做事，又不能时时带着这样实用的目的生活，其情形就好像交友，脾性相投之外，自然难免还有有用的考虑，但仅为了有用与人结交，就有些可怕了。你说，是不是这个道理？

　　再回到知识人的话题。爱因斯坦曾经说过这样的话："用专业知识教育人是不够的，通过专业教育，学生可以成为一种有用的机器，但不能成为一个和谐发展的人。要使学生对价值(社会伦理准则)有所理解并产生热烈的情感，那才是最基本的。"他好像也是在强调无用。

译文：
　　三十根辐条集聚到毂，有了车毂中空处，方始成就车的作用。
　　和土制成器皿，有了器皿中空处，方始成就器皿的作用。
　　开凿门窗建造房屋，有了屋内中空处，方始成就房屋的作用。
　　所以"有"给人带来实利，全赖"无"在发挥它的作用。

所谓爱

宠辱若惊①,贵大患若身②。

(第十三章)

甚爱必大费。

(第四十四章)

注释:

①宠辱若惊:得宠和受辱都使人惊慌。

②贵大患若身:重视身体一如重视大患。王纯甫说此句当为"贵身若大患",古语倒言求奇之故也。陈鼓应说因"身"与上句"惊",真耕协韵,故倒其文。

关于爱，老子讲得不算太少。譬如"爱民治国，能无为乎?"（第十章）王安石是一个能干的有天下抱负的人，他注《老子》，对此的解释是："'爱民'者，以不爱爱之乃长;'治国'者，以不治治之乃长。唯其不爱而爱，不治而治，故曰'无为'。"（容肇祖辑《王安石老子注辑本》）这是从爱造成的结果来说的。所谓多爱多败，因为管得太多，统得太死，想天下一盘棋，必定汩（gǔ）没了天下人的创造热情，并使之倍感失败和压抑。有不能成事者，还进而养成了事事依赖公家的愉佚与惰性。是所谓爱民，适足以害民。故与其如此爱，真不如不爱。

而从施爱者的角度来说，在做到"自知不自见"的同时，老子又要求他们能"自爱不自贵"（第七十二章），即在知所能与不能且不自显其能的同时，持身严谨，清心寡欲，而不是自尚高贵，感觉良好。因为这样做的话，很可能会过分放大自我，最终必然会招人厌弃，落一个不能自爱的骂名。

可要做到"自爱不自贵"谈何容易。究其原因，老子一针见血，在"有身"。他说："宠辱若惊，贵大患若身。"何谓"贵大患若身"? 同章中他有展开性的说明："吾所以有大患者，为吾有身，及吾无身，吾有何患?"他的意思是人既有此身，爱之贵之自是应当，但这一切须循自然之理以应物，而不是放纵私欲以害物，须安不忘危，存不忘亡，而不是自私其身，贪恋权位。若能做到这种不自私其身，那人又能有什么祸患呢？这里，他所说的"无身"，很可以为上述"自爱不自贵"作一注脚。如此，能够以贵身的态度去为天下，知道珍重一己生命并施及天下苍生之命，老子认为就可以把天下交给他了。能够以爱身的态度去为天下，知道不能以一己之欲覆盖天下人之所欲，也就可以把天下托付给他了。这就是此章末所谓"故贵以身为天下，若可寄天下；爱以身为天下，若可托天下"的意思。

上面的话，更像是讲给圣人侯王听的，但老子也有对一般人的爱的箴言，那就是"甚爱必大费"。过于爱一个东西，必定会让人有很大的耗费。这个东西是什么？老子没有明说。历代注家多有揣测，有说指名，有说指利，也有说是指色。其实，天底下能引人欲念的东西何止这些？占着权位能签单是吗？喝着美酒能免单是吗？古玩字画是吗？香车宝马、名邸豪宅是吗？或许，对一些有特殊癖好的人来说，还有许多欲念，非人所能悉知。可天底下这么多好东西，是你一人可以爱得过来的？为了爱已经有的那些东西，你已经很累了。再以已有的东西为资本，去索爱更多的东西，你能避免不胜其累的辛苦吗？所以，还是苏辙《道德真经注》说得好啊："爱之甚，则凡可以求之者无所不为，能无费乎？"

译文：

得宠和受辱都让人感到惊慌，重视身体好像重视大患。

过分爱惜必定会有大的耗费。

读书人的肖像

古之善为士者①,微妙玄通②,深不可识。夫唯不可识,故强为之容:

豫兮若冬涉川③;

犹兮若畏四邻④;

俨兮其若客⑤;

涣兮其若释⑥;

敦兮其若朴;

混兮其若浊;

旷兮其若谷。

孰能浊以静之徐清;孰能安以动之徐生。

保此道者,不欲盈⑦。夫唯不盈,故能蔽而新成⑧。

(第十五章)

注释：

①善为士者：王弼本"士"，帛书乙本作"道"，但验之郭店简本（甲组），正作"士"，似"士"字更近古义。

②玄通：深沉精微而通达。郭店简本及帛书乙本作"玄达"。

③豫兮：迟疑慎重的样子。

④犹兮：警觉戒惕的样子。"犹"，简本及帛书乙本作"猷"。

⑤俨兮：端重庄严的样子。"客"，王本作"容"，河上公本、景龙本、傅奕本均作"容"，简本及帛书本正同，似形近而误。

⑥涣兮：涣散的样子。王弼本"涣兮若冰之将释"，帛书本作"涣呵其若凌泽"。"凌""冰"同义。简本此句释文作"涣兮其若释"，无"冰"字，今据简本改。

⑦盈：满。此句郭店简本作"不欲尚呈"。

⑧蔽：敝。"蔽而新成"，王弼本作"蔽不新成"。"而""不"两字篆文形近，故误。

如何界定和了解读书人，对圈外人来说始终是一个难题。在读书人看来，一切与自己相关的方面都是自然而然地产生的，并且表现得十分自然，但别人不这么看，他们的想法多着呢。于是如果你顺适他们，很容易是呆；你远离他们，很容易是狂。以至于后来，许多读书人都不知道究竟该如何自处了。因此，这个世界，问"我是谁"这个问题的，就数读书人最多。

可能老子也知道对读书人下定义大不容易，所以多方设喻，颇费了心思。这样当回事儿，以后只见于他论说自我与道那两处。他的判断是，古代善于行道之士，大多有玄妙莫测的通达，有非一般人可以度识的程量。由于这种通达与程量不易测识，因此从整体上说，读书人是什么也就不大好说了。

如果硬要说，大概就是上面这样的，既谨小慎微地因任自然，不执于有，又抱朴无文，不求盈满。其和光同尘，宽大能容，更是可称难得。请注意，这里因任自然之动静，守护本真之朴厚，容纳万有之谦下，不主盈满而常新，等等，都是老子再三强调的品德。他把这些品德都堆垒到行道之士的身上，可以说既是在定义人，也是在定义道。

其中对读书人犹豫踌躇的描述更值得人玩味。依照《说文》的解释，"犹"和"豫"两字均是兽名，此二兽进退多疑，人多疑惑者与之相似，故谓之犹豫。想来，那会儿读书人中有许多失了身份，仰禄而生。由于不敢有"仰天大笑出门去"的狂傲,所以战战兢兢,甚至仰人鼻息,也就是不得不如此的选择了。

不久就到了战国,其时天下纷乱,"邦无定交"成为习尚,这批"学以居位"的士自然就再"无定主"了。他们恃才驰骤,仅以一肚皮学问平交公侯,"一怒而诸侯惧,安居而天下息",并"入楚楚重,出齐齐轻",俨然立于潮头,成为那场社会变局不可或缺的玩主。此时,犹豫踌躇不免易为"合则留不合则去"的轻躁与功利。他们还恭敬敦厚吗? 还谨小慎微吗? 那真是天晓得的事情了!

译文:

　　古时善行道者,精妙通达,深不可测。正因不可测,所以强为形容:

　　他迟疑慎重啊,像冬天里过河;

　　警觉戒惕啊,像提防四周的交攻;

　　端重庄严啊,像是做人的宾客;

　　涣然无主啊,一如冰柱消融;

　　敦厚纯朴啊,像那未剖分雕琢的木坯;

　　混同一切啊,像汇集了百川的浊水;

　　豁达宽广啊,像那含云纳水的旷谷。

　　谁能像水一样,混百川而使其动,然后继之以静,徐徐地让它清澈起来;又有谁能安万物而使其静,然后继之以动,徐徐地让它滋生开去?

　　能保有这些道理的人,不肯自满。唯其不自满,所以能去旧而更新。

大静之境

致虚极^①,守静笃^②。

万物并作^③,吾以观复^④。

夫物芸芸^⑤,各复归其根^⑥。归根曰静,静曰复命^⑦。复命曰常^⑧,知常曰明。不知常,妄作凶。

（第十六章）

躁胜寒,静胜热,清净为天下正^⑨。

（第四十五章）

我们在夜深人静的时候，最容易听到自然界细微的声音。譬如风招摇树叶的声音，雨敲打屋檐的声音，花瓣转落砌石的声音。但是，纵使周遭静寂无声，我们未必听得到自己内心的声音。

可是滚滚红尘，嘈杂的市声，没有听到自己的声音，对有些人来说是一件很不安心的事情。今人中有些是如此，古人中更多是如此。因此，在物质的层面上，今人总是感叹不断要面对新问题，小而言之，许多人不会用电脑，有些人甚至不会用手机。但精神层面的情况则异于是，一切的问题似乎都是旧的，都早就存在了，只不过对有些人来说，他刚刚感受到而已。那替你先感受到并作出很好回答的，是老子。

老子说，人应该保持自己内心的空静，固守纯一天然的清净。唯有如此，才能在观物时把握到万事万物的本真。又说，天底下芸芸万物，各须回归自己的本性，这个本性就在其起始的根处。人也如此，只有反本而虚静，才能回归自己的本心。佛教管这个叫"自性"。然后就能够认识往复永恒的规律，就有了理智的清明，不容易因轻举妄动而闹出不可收拾的事情了。

与此相对的是"躁"，它的毛病在虚热失重，是为轻躁、狂躁，又容易让人失去应有的平静与清明，变得心神不宁，是谓烦躁。所以老子说："重为轻根，静为躁君。"（第二十六章）即清净可以为一切躁之主。他还特别提出，圣人治理天下尤须注意这一点，用人兴事，都不要轻率，同时不要躁动，这种轻率与躁动都是人欲望弥盛且不善控制的表现。只有自己做到虚静无欲，天下才会太平。此所谓"我好静，而民自正；我无事，而民自富；我无欲，而民自朴"（第五十七章）。"不欲以静，天下将自正。"（第三十七章）也就是这里所引"清静为天下正"的意思。

需要特别说明的是，老子的致虚守静并不是要大家绝物离人，而是指不让外物扰乱人的本心，如同静水深流，在安静中，你的沉思才能疏浚你思想的河床。为了能做到这一点，他建议采取的姿态是：守雌、居下、贵柔、尚让。他举例说："牝常以静胜牡，以静为下。"（第六十一章）你看那些雌性的鸟兽，似乎无知无识，但却懂得守静而处下的道理，因此常能让雄性同伴低头服输。言下之意，人还能不如那些鸟兽吗？

或说，天下纷纷扰扰，问题层出不穷，要保持内心的平静比谋食、赚钱、追女朋友要难许多。此言诚是。但正因为如此，我们才要谨记，一切的高人，手段高都在形而下，姿态高更透着假,若能神闲气定,安静下来,那才是真高。或以为,我等中人,看来是很难达到这样的境界了。其实在静这一件事情上,真的是大小浅深各以类触的,每个人可以有各自的体会。只要你想安静,能静一秒,就是一秒的长进。善于行道之人能在动荡中安静下来,并慢慢地使一切澄清。我等中人,就试着多花一点功夫吧。

因为,你所急着想要的一切,都只有等你静下来以后才有可能向你走来。更不要说,天地间一切真滋味,唯有静者才尝得出;人世间一切真机括,唯有静者才看得透了。

这就是老子向人揭出的大静之境。它既足以观物,又可用以养身。它是一种人生态度,从里往外透着智慧。用西哲罗素的说法,那是一种"静思的智慧",是中国人特有的美德。

译文:

　　要致虚于极境,致静于深笃。

　　万物竞生,我识察出循环往复的道理。

　　万物纷纭,各返归其本根。返归其本根就叫静,这可谓复归于本原了。复归本原叫作常,认识这种叫常的永恒规律就是明。不认识常这种永恒规律,就会轻举妄动闹出事来。

　　人躁动生热或可御寒,心静自凉方可应热。清净无为可以为天下君长。

我可以不信你

信不足焉①,有不信焉。

（第十七章）

注释:

①信：诚信。

译文:

统治者诚信不足,人民就不相信他。

一个人有很强烈的反对,通常就会有很强烈的支持。老子强烈地反对有为,所以很自然地,他强烈地支持一切无为,从天地万物到人间的婴儿。现在他要说诚信一事的重要,说一个统治者如果诚信不足,人民就不会相信。但即便如此,他仍是基于无为的立场,并从此角度说开去的。

　　何以见得?我们看,在说及此意之前,老子首先区分了不同的世道和不同的统治者。他说:"太上,下知有之;其次,亲而誉之;其次,畏之;其次,侮之。"这里的"太上"犹言最上,指大道之世,那时的人们相忘于无为,人民只是感觉到有君上的存在(因为他们通常能知无为);其次的世道也还好,人民愿意亲近并赞美君上(因为他们通常清静无为);再其次就不对了,人民开始怕君上(因为他们不能坚持无为);最后,干脆不畏死,纷纷轻慢君上,甚至在背后责骂他们(因为他们过分坚执有为)。

　　在说及此意之后,老子又强调了为政不在多言的道理,这一点我们下面还会专门谈到,老子在别处还有过许多强调。总之,他的意思是,一个统治者如果能不轻易颁布号令(即不多兴事,仍是强调无为的意思),并充分相信人民的觉悟与能力,人民的感觉就会很好,就会凭着良心,各安其事。等到万事底定,"功成事遂,百姓皆谓:我自然",也就是会感觉到这些事情本来就应该那样做。这个表述,似已包含了执政者如何尊重人,并善于调动人参政、与政的意思。我们无意于在这里比较这种认识与"民可以乐成,不可与虑始"(《史记·滑稽列传》)、"民可使由之,不可使知之"(《论语·泰伯》)的观点,孰是孰非,但至少,再往他头上扣"愚民"的帽子时,是应该看一下尺寸了。

然后,我们再寻绎老子把"信不足焉,有不信焉"这八个字放在上述语境中的真意,就能发现,他实际上是想说,如果一个统治者或圣人真的是有诚信的,那么他用道来治理天下就可以了。正因为你对自己的诚信信心不足,你才会在行政时,既加之以仁义,复重之以刑法。与此同时,人民也就开始不信你了。此其一。其二,如果你真的有足够的自信,相信自己有诚信,那么你就不会那样热衷于建言兴事,迭出法令,絮絮叨叨,评功摆好。由于你有话不轻出口,一旦出口又雷厉风行,人民就觉得你是一个有诚信的人,就当然地相信你。有鉴于此,你就更不需要多说什么,多颁布什么法令了。

第二十三章,老子讨论为政当避急暴的问题,最后部分,他又把这八个字重复了一遍。那个语境,也是关乎无为的。

快别宣传啦

大道废,有仁义^①;六亲不和^②,有孝慈;国家昏乱,有忠臣^③。

（第十八章）

注释:

①大道废,有仁义:简本及帛书乙本作"大道废,安有仁义"。

②六亲:父、子、兄、弟、夫、妇。

③忠臣:简本作"正臣",帛书及傅奕本作"贞臣"。

老子的话，经常提供人另一只眼看问题。其实是另一个角度。有时角度变了，看见的东西也会跟着改变。或以为，若一个人不安于从惯常的角度看问题，他不是疯子，就是天才。两者的区别在哪里呢？最吊诡的一种是这样的：倘他住在你家的隔壁，那他就是疯子；倘他活在教科书里，就是天才了。所以，在老子的时代，尽管他自以为自己的话易知易行，但没有人愿意照他说的去做，人们把他当作另类了，即使不是疯子的话。但对于今天的人来说，老子活在遥远的往古，如今安居史册之中，所以，尽管我们同样不能按他说的去做，但大抵还知道承认，他是一个不世出的天才。

我们不能按照他老人家的话去做，最明白不过的一件事就是，我们老爱吵吵着做一种泛道德或超道德的宣传。譬如我们要人克己奉公不算，还要人能够绝对大公无私；我们要人节衣缩食不算，还要人傻充丰衣足食；我们的有些孩子都已经迷失到追星追掉了慈父的性命，我们还在说他们天性纯善。事实与宣传相距太远，久而久之，难免一些人开始不信，一些人开始怀疑。

但是我们还是那样宣传着。怎么办？聪明人就借老子的慧眼，正面文章反面看，反面文章侧面看了。当有人拼命宣传人心返朴，可以理解为，原来许多人都已经不知道孝顺父母了；当有人拼命宣传邻里互助，又可以理解为，原来许多人已经不知道同住一楼道,隔壁家主人是男是女了。这真让人始料不及,并开始心悦诚服地承认,你不服他是天才,不行。

老子教导的意思被我们推展开来,可以归结为:六亲和睦,谁不是孝慈;国家方治,谁又不是忠臣?或者说,六亲真的和顺,就无所谓孝与慈,也成就不了孝与慈的名声,因为大家都一样模范;国家真的治平,就无所谓忠与奸,也显不出忠臣的难得了,因为大家都一样称职。而拼命地鼓吹孝慈,宣传忠臣,不就表明六亲已经不和、国家已经昏乱了吗?想想当日"争地以战,杀人盈野;争城以战,杀人盈城"的乱世(《孟子·离娄上》),许多人唯利是图,根本不管天下生民,老子的话真让人警醒!

所以识者说:"某种德行的表彰,正由于它们特别欠缺的缘故;在动荡不安的社会情景下,仁义、孝慈、忠臣等美德,就显得如雪中送炭。"其情形一如"鱼在水中,不觉得水的重要;人在空气中,不觉得空气的重要;大道兴隆,仁义行于其中,自然不觉得有倡导仁义的必要。等到崇尚仁义的时代，社会已经是不纯厚了"（陈鼓应《老子今注今译》）。

不知道听了这话，你怎么想？或许应该收起那些空洞乏味的老套套，快别宣传啦。

译文：

　　大道废弛了，才有仁义凸显；家庭不和了，才有孝慈彰显；国政昏乱了，才有忠臣挺身。

反智的哲人

绝智弃辩^①,民利百倍。

(第十九章)

古之善为道者,非以明民^②,将以愚之^③。

民之难治,以其智多。故以智治国,国之贼^④;不以智治国,国之福。

(第六十五章)

智至于善辩,是人所欣羡的事,起码不被人讨厌。但老子是最善于从根底处发问的人。这回他想问的是,这样的大行智辩难道好么?显然,他是有答案的。所以他提出要弃绝这些东西。当然,他深悉做到这一切的艰难,以及为了做到这些,人们将会付出怎样的代价,但既然它们实在不是什么好东西,有这些东西盛行更绝对不会有什么好世道,他仍然坚持着要发出自己的质疑。

在他看来,一个清明的世道应该是不争不贪的,一个清明的君子也是同样。而且在行此原则的时候,他全然基于内心的德性,自然而然,不着痕迹。上古时,人们大抵如此。但后来智慧出,大伪起,情况就不一样了。为了满足一己的欲望,获得更多的利益,许多人开始朝邪路上开发,往诈伪上使力,于是天下不再太平。

老子认为,在这个不太平的世界中,几乎所有人都没站对位置。善良的人为了生存,间或行此精明的智辩,弄得心很疲累而所得不多。倒是那些不善的,不孝不慈,反

注释:

①绝智弃辩:通行本"绝圣弃智",今从陈鼓应老子肯定"圣"为最高人格修养故不会绝圣说,并依郭店简本所作"绝智弃辩"改正。

②明:此处指人蔽其朴而知巧诈。

③愚:此处指反朴归淳。

④贼:害。

倒一无顾忌,获利不少。至于在上者,老子在其他地方都说了,贪多务得,更是手段迭出、机关算尽。一般人的贪与坏一望而知,并可善加规避,唯有备极诈伪者的贪与坏,因用心深细,智谋老道,坏到了心底,最是难防。联系《韩非子·忠孝》所说"古者黔首悗(mán)密蠢愚,故可以虚名取也。今民儇(xuān)诇(xiòng)智慧,欲自用,不听上",《八说》篇所说"古人亟于德,中世逐于智,当今争于力",可以推知,在老子那个时候,人心已经不怎么样了,或者干脆可以说,已经开始被搞坏了。

所以,他反智。认为世道已然是这样了,如果圣人再以智术使民,或防民之伪,那就是伪上加伪。任由这种情况发展下去,整个国家不乱套才怪!所以他说:"爱民治国,能无以知(智)乎?"(第十章)圣人之治,就要常使人"无知无欲","使夫智者不敢为也"(第三章)。为无为,则无不治。这也是他要说"以智治国,国之贼;不以智治国,国之福"的道理。

老子之反智，还有更深一层的意思，是他认为有必要对什么是智作出准确的论定。在他看来，智只是世俗的聪明，世俗之人与人周旋，与世推移，乃至有感觉良好至于乐此不疲。为了在争斗中抢得先机，稳操胜算，他们既度人势之广狭，复量己德之厚薄，更关心的是所要攀附与投靠的主人车千乘马万匹的实力，真是操碎了心。平居之时，习惯使然，或者究心于琢磨人，或者想方设法算计人，并以此作为日常最切要的功课就更多了。所以他要说"知人者智，自知者明"（第三十三章）这样的话。由于不能同时做到"自知"，这种"智"显然不是他乐予肯定的，所以他说民之难治是因为其智多。

今天科技昌明，知识经济时代，再说反智的话，不免太过背时，也太过愤世。但是不是有这样的情况呢？我们的知识越来越多，创意越来越少；美丽越来越多，性情越来越少；聪敏越来越多，实诚越来越少。以至于有些女孩子理想中的白马王子，都一例由老实可靠易为桀骜不驯了。想想以前，单一个忠厚老实，就可以将女孩子连同她的父母一起乐翻，现在不仅女儿是"你不坏我不爱"的，就是她父母心中也每每犯疑：这个人对我女儿老实固然很好，但若对一切人都老实岂不糟糕。女儿的字典里，这个语境中的"坏"就是多智的意思，就是有情商，能结交，玲珑八面，应酬四方。

许多人在许多的情景中都这样想，结果怎样，冷暖自知。就读过《老子》的人来说，直觉得五千言中，有些话真的像是为今天的人所设。不仅是中国人，也包括外国人。到处都在上演聪明的喜剧。老子都懒得说什么了。拉罗什富科《箴言集》说："最精妙的智慧能产生最精妙的愚蠢。"

真是可怜，时时创造着精妙愚蠢的人类！

译文:

　　弃绝巧辩,人民可以得到百倍的好处。

　　上古善于行道之人,不是教人民诈伪机巧,而是让人民反朴归淳。
　　人民所以难治,是因其多用智巧。所以用智巧治国,是国家的灾祸;不用智巧治
国,是国家的福分。

人生识字忧患始

绝学无忧①。

（第二十章）

是以圣人欲不欲②，不贵难得之货；学不学③，复众人之所过④，以辅万物之自然而不敢为⑤。

（第六十四章）

这里说的话，其实是承上一篇而来，言辞之间，体现着老子一贯的深刻与决绝。因为为学一事确实存在着许多让人不能一言道断的情况。譬如，一个人知见的增益，往往会给自己带来无穷的烦恼。你看那些小孩，无知无欲，天真到听到一阵风吹过都可以乐上半天。但一待背上书包，好日子就算到头了。塾师的戒尺不说，光一大堆"子曰诗云"就可以把他们彻底打蒙，里面的意思都是在说西风吹落叶、浮云遮望眼，我的天！这可真落实了"人生识字忧患始"的古话。

不仅如此，为学与知见的增益还启人诈伪，让人越来越脱离本性与天然，变得犹疑复杂起来，不仅对世界、对他人，就是对自己也每常如此，这是最要命也最让人感到无奈的事情。禅宗中的高人对人自诩别无德能，不过吃了睡、睡了吃而已，一般人乍听之下，觉得可气又可笑。回家一想，可不，自己还真不能够做到。因为打从心中有了天地君亲师，有了一些学养与识见，自己就难

注释：

①绝：弃绝。无忧：即无扰。此句郭店简本接"为学日益"章，但与通行本同，置于"唯之与阿"句前。

②欲不欲：以不欲为欲。

③学不学：以不学为学。郭店甲组简文作"教不教"。

④复：返也。言反众人之过，使归于本。

⑤以：帛书甲本作"而"，乙本作"能"，三字古通。

免想法多多了,此时对事临人,是依礼而从俗,还是越制而任性,每每盘桓在心,抛撇不去,真所谓千念集夜,万感盈朝,快乐无多,而忧患方殷。更有甚者,欲念多到无休无止,就开始迷失了本性,离开道心与道体就更远啦。结果是,天文地理懂得越多,心中的沟壑就拉得越深,大道坦夷,容一切人过去,他连自己都过不去,这不就乱了自己的心性,坏了自己的日子吗?所以,老子会说:"为学日益,为道日损。"(第四十八章)

为从根子上杜绝这种情况,他提出了"绝学无忧"这样的命题,并要人不以人所常学的那一套为自己的人生教材,而去学一些人所弃置的东西;乃至以不学为学,这里的"学不学",不是要人彻底地弃学,而是说在你努力于学问的同时,始终不要忘了让这个学问成为辅助无为的天道,成就人敦朴之天性的手段。为学不是目的,为道才是。为道不直接是为成己成物,说到底,它不成就什么,它只让你自自然然。你自然了,它就在了。

译文:

　　弃绝为学之事可以让人没有忧扰。

　　所以圣人喜欢众人所不喜欢的,不以稀罕难得之物为贵;愿学众人不愿学的,让其从过错中返归,以辅助万物的自然变化而不敢滥加干预。

我是这样地站在那里

唯之与阿①,相去几何？美之与恶②,相去若何？人之所畏,不可不畏③。

荒兮,其未央哉④！

众人熙熙,如享太牢,如春登台⑤。

我独泊兮,其未兆,如婴儿之未孩⑥；

儽儽兮,若无所归⑦。

众人皆有余,而我独若遗。我愚人之心也哉！沌沌兮⑧！

俗人昭昭,我独昏昏⑨。

俗人察察,我独闷闷⑩。

澹兮其若海,飂兮若无止⑪。

众人皆有以,而我独顽且鄙⑫。

我独异于人,而贵食母⑬。

（第二十章）

注释：

①唯：恭敬的答应声。阿：怠慢的答应声。声音的高低表示了等差的区别。

②美：王弼本作"善"，傅奕本作"美"，简本及帛书甲本同，故据改。

③人之所畏，不可不畏：帛书本作"人之所畏，亦不可以不畏人"。

④荒兮：广漠的样子。未央：无尽的意思。此处指人的精神世界深广无涯。

⑤太牢：古代帝王诸侯用牛、羊、豕三牲祭祀称太牢。

⑥泊：淡泊，恬静。兆：朕兆，迹象。孩：与"咳"同。《说文》："咳，小儿笑也。"傅奕本、范应元本"孩"即作"咳"。

⑦儽儽(léi)：即磥磥、磊磊、硌硌、落落，皆双声近义词，谓落落不群，无所依傍。

⑧有余：河上公注："众人余财以为奢，余智以为诈。"遗：不足的意思。愚人：指淳朴敦厚之人。

⑨昭昭：明白貌。昏昏：暗昧的样子。

⑩察察：明辨貌。闷闷：此处亦昏昧之意。

⑪澹：澹泊，沉静。飂(liú)：高风，形容形无所系。

⑫以：用，此处指有为。顽：愚顽。鄙：笨拙。

⑬食母：河上公注："食，用也。母，道也。"喻指返道崇本。

"我是这样地站在那里"，一个人之所以会有这样特别的强调，必定是因为他通常不能与世俗相谐，也不甘与世俗相谐。他所处的地方不与人同，人所处的地方又为他所弃，故不唯道不同不相谋，即吃饭都到不了一个锅里，歇脚都不可能在一个驿馆。

老子显然是一个不愿意与人走同一条道路的人，他别有怀抱，他的思虑包容广大，又深邃得超越了现实的时空。所以尽管身处熙熙攘攘的人群，他仍时常会感到彻骨的孤独，真所谓"周遭皆水，曾无一滴可饮"（英国诗人柯勒律治语）。所以他会决绝地说：应诺与呵斥有什么差别？美与丑又有什么不同？一般人所畏惧的，你也只得畏惧。或许他心里想过，这样的世道啊，哪里是个头呵！

尽管如此，他仍站在那里。当众人都兴高采烈，如同赴宴，又如同春日出游，登台望远，他却像一个尚不知笑的婴儿，既不响应人群，也不呼应环境。或者独独淡然地站在一边,一点儿也没有参与和表现自己的意思;或者落落不群,一副不知道归向哪里的样子。较之人们的财智有余,他寒俭得好像缺少了很多。众人自暴聪明,独他低调得收敛精光,默默无言;众人自炫善断,独他愚顽得似不知取舍,无所去就。沉静啊,海一样的沉静;高天的风吹着,飘逝啊,他不知道自己将要去向哪里。当别人都有可施展的时候,他只是一味愚顽。可当你们真的把他当作一个愚人,他是不能同意的。他以近乎执拗的口吻最后告诉人:我独独与人不同,是因为我别有一种进道的生活。

或以为,不知道欣赏自然,不知道呼应环境,无意于和人沟通,进而坚执于遗世独立,这个样子能进道么?道不远人,人似不必如此自远呀。可以肯定,今天,有这样想法的人一定不少,他们甚至不喜欢这样一种静定到缺乏变化的老子的形象,他们很容易把这种缺乏变化,视为大道高上难以亲近的征象。

其实，错啦。你们难道没有发现么？愚鲁之人通常都是不发呆的，反倒是冰雪聪明的常常如此。原因何在？因为愚鲁之人只关心地上而不究问天上，只重视占有而轻忽生存，所以整日忙乱，并视静处沉思为浪费工夫。可聪明人不一样，就是再忙，他们心中仍具灵光，仍期待着某一个时刻，让自己的心灵能在特别的时空受洗。故当杯盏动、音乐起，许多灵魂告别肉体，他们总会让一个最真实的自我登场，让轻烟似的微哀和薄愁在心中弥散，并来也汹涌，去何缠绵。一伸手是灵与肉的将触未触，一回头是物与人的方生方死。愚鲁者讥笑，你老标格自高，累不累？他听了默无一言，只是表情更痴騃(ái)了一些，眼里满是慈忍，透着悲悯。该怎么向人说呢？或许不只是愚鲁之辈不明白，在这种静思与发呆中，多少人导正了心灵世界的倾危，并一次次在崩溃的边崖，为自己找回了生命的平衡。

思之深者，外在看去大多就是"呆定"

的。其实,此时他的情感反应是"静定"的,他的心里更可以用"淡定"来形容。想一想今天的社会,看一看你周围人的生活,有多少人拥有这样的"静定"与"淡定"。我们忙啊,急啊,不赶趟啊。如果就此省下时间是用来进道也就罢了,可省下的时间仍被我们用去奔忙赶趟了,或是为名,或是求利,总之为各人的胜业,难以止息。

看到这一切,活到今天,人群中的老子应该是更加沉默了。他若有所失,似又不知怎么做。但,他一定仍在那里。

译文:

应诺和呵斥,相差多少?美和丑,又相差几多?众人所畏惧的,我也不能不有所畏惧。

精神世界之深广啊,好像没有涯际!

众人都兴高采烈,如参加丰盛的筵席,又如春天里登台望景。

我却独自淡然静处啊,没什么动静,像足了一个不知嬉笑的婴儿;

落落不群啊,好像没有归属。

众人的财智都有多余,唯独我好像不够。我真是怀着一颗愚人的心啊,浑浑沌沌!

世人都明白得很,唯独我暗暗昧昧。

世人都精明得很,唯独我无所计较。

安静啊,好像深沉的大海;飘举啊,好像没有止境。

众人都有为,唯独我愚顽而笨拙。

我不同于这世上其他人,我以能增进道的修养为贵。

叫你别取巧

绝智弃辩^①,民利百倍;绝伪弃诈^②,民复孝慈;绝巧弃利^③,盗贼无有。

（第十九章）

注释:

①绝智弃辩:见第 52 页注。

②绝伪弃诈:通行本"绝仁弃义",从陈鼓应老子与人交往尚仁说,并依郭店简本作"绝伪弃诈"改正。

③巧:此处指诈巧、伎巧。

设想人情之好取巧，是为了花小气力办大事情，以小投入获大利益，这被视为有效率的买卖和稳实的营生，自然是很吸引人投入的。然而取巧终究不如从实可靠，诈巧更是不如拙诚可信，故那种"巧言如流""巧言利口以进其身"，素来为古人所不喜。

　　孔子《论语·学而》说："巧言令色，鲜矣仁。"司马迁《史记·仲尼弟子列传》记载有子贡利口巧辞，长于论辩，当其口横海市，舌卷蜃楼，把不住门时，孔子常黜其辩，让他一边歇着去。然而不幸的是，孔子本人也被盗跖称为"巧伪人"，为其"摇唇鼓舌""多辞缪说"。这当然是不看他说什么，只追究他怎么说的偏激行为。不过说来也难怪，一般人看去，孔子就是一个不干实事的人，带一众弟子四处周游，碰上有子贡这样巧舌如簧的，真事也会被误认作假，所以结果是听他的多，用他的少。以后，法家大抵不取以言下人的说士，《韩非子·八奸》就认为"为人臣者，求诸侯之辩士，养国中之能说者，使之以语其私，为巧文之言，流行之辞"，大大的不应该。《吕氏春秋·论人》也主张人应"适耳目，节嗜欲，释智谋，去巧故"。

　　可能是因为这类缘故，老子不愿意外出游说诸侯。有个叫柏矩的从其学，知道他有学问，力请他出山，他淡淡地回说："已矣，天下犹是也！"算了吧，世道已经是这样了，他自然就不愿再去蹚这浑水了。柏矩看劝他不出，只得自己游齐。可到那里一看，禁不住"号天而哭"，因为他看到国中"匿为物而愚不识，大为难而罪不敢，重为任而罚不胜，远其涂而诛不至"，可谓一片乱象。由于世乱，人民就跟着行伪取巧："民知力竭，则以伪继之。日出多伪，士民安取不伪？夫力不足则伪，知不足则欺，财不足则盗。盗窃之行，于谁责而可乎？"（《庄子·则阳》）对这一切，老子早就知道。所以他不忍看。

但是，当人们硬要他对这个世界留下一点训教，他只好说了，他反对弄巧。他以为智辩、伪诈和巧利等都属于人为的文饰，"此三者以为文，不足"（第十九章）。既是人为的文饰，就是一种行巧，考虑到它会损害百姓的利益，汩没其孝慈之心，并催生出贼盗之行，所以断不可用以行世。

当然，他没有一棍子打倒一切巧，他否定的只是"人多伎巧"（第五十七章）的巧心、巧舌和巧佞（nìng），对像"大巧"这样的巧，他是肯定的。在他看来，这种巧是内含着拙诚的。为了突出对这种拙诚的喜好，他甚至认为"大巧若拙"，即真正的巧就应该是或必然是一眼看去非常朴拙的，或者不仅是外观看去，其内在质性就是非常朴拙的。人能行此，则清净自正；国能行此，则盗贼不生。

看看老子生前身后的世界，有多少奸邪行奸巧之事而获利，多少直士为巧言中伤而得罪，你就会深体老子的用心，感受到他对人性的深刻的悲悯。传说孔子见老子而谈仁义，回来以后，"三日不谈"(《庄子·天运》)。弟子都奇怪，怎么夫子连着三天都不开课。哲人的相遇就是这样，既是人格的照面，更是思想的交锋。老子的思想经常让许多人安静和朴拙下来。这一次，轮到的是孔子。

不过，尽管对于传统中国人来说，"故令有所属：见素抱朴，少私寡欲"，很值得向往，拙诚或正直也远比机巧为好，但你心向往之可以，现实的结果往往不是这样。这你要禁得起啊。故面对善良的人们，是不是应该想到，要彻底遏制投机取巧，端赖一种制度。今天，我们依然期待有这样一种制度。

译文：

　绝弃智辩，可使人民百倍获利；绝弃诈伪，可使人民恢复孝慈；绝弃机巧和货利，盗贼自然消失干净。

能屈反伸

曲则全,枉则直^①,洼则盈,敝则新,少则得,多则惑。

（第二十二章）

注释:

①枉:屈,弯曲。直:正也。诸本亦作"正"。"正""直"可互训。

译文:

委曲反能保全,弯曲反能展直,低洼反能充盈,敝旧反能生新,少取反能多得,贪多反能致惑。

当我们说任何事情仅就常识置论，我们只是常人。譬如，我们说你应该设法保全自己，但不能害人；你应该努力在被挤迫中伸展自己，但不要倾轧人；你应该尽可能去实现自己的理想，但不许侵夺人；你应该永远保持清醒的理智，但不准糊弄人。听者自然点头，因为你说得都对。但点头并不代表他服你。他的真实想法是：跑来听你上课，还以为你会切要地指点些啥。哪知道，课堂上的教授一如厨房里的俺妈，俺妈教导人时，还常谦称自己"卑之无甚高论"，你倒好，尽一堆陈糠烂谷夸夸其谈，真是哪儿跟哪儿呀！

但如果你告诉他的不是"应该"怎么怎么，而是"如何"能够这么这么，情况就马上不同了。老子就是这样一个善于告诉你"如何"的人。他说，如果你真的想保全自己，就应该首先委曲自己，唯能委曲，才能全备。如此等等。你乍听不懂，反身想想假如你和太太吵架，明明是她无理，但偏一副真理在握的样子，你不求全行吗？难道你真的要她承认自己弱智？如果一定要她承认，最后她也承认了，那你这日子还过不过了？这家还能全不能全？所以，有智慧的人每以委曲求全。

再譬如你要坚持真理，直道而行，就会有种种的阻力，或作不配合的旁观，甚至还有别有用心的使绊儿。你怎么办？是吵架吗？是一味地揭露别人无耻无知以维护自己的高明吗？那最后是非是清楚了，跟着真理走的人在哪里？当然，从根本上说，特别是拉开时空距离来看，人心总是向善的，人们必定会朝着合理与真理的方向走。但问题是，你面对的是当下，不是千古，你把周围一众人等都得罪了，怎么去实现这个直道，并体现出自己的高明？所以，有时从原有的立场后撤，谦虚地承认自己的坚持或有问题，最后反能使你实现自己的想法。正如我们把头低下，不是说我们想做鸵鸟，我们是为了调整一下状态，让自己伸得更直。这就是老子教我们的"如何"。

其他相类似的还有，你只有让自己虚空起来，不固执己见，才有可能志得意满；你只有自居于敝败破旧，才能光景长新。老子说，这个道理其实不复杂，全都可以从大自然中体悟到。如果你还不能体会，那再去看看路口那块洼地吧，去看看洼地边那棵老树吧。你一定以为它已经荒败枯死了，你没想到一片荒败中，它居然有如此生机勃勃的演出，落尽了枝叶，正催发出新芽。

　　这个世界,多的是教人"应该"的人,能
教人"如何"的则少;教得好,像老子一样
的,更是少而又少。

我不跟你争

夫唯不争,故天下莫能与之争。

（第二十二章）

以其不争,故天下莫能与之争。

（第六十六章）

天之道①,不争而善胜。

（第七十三章）

天之道,利而不害;人之道②,为而不争。

（第八十一章）

注释:

①天之道:自然的规律。

②人之道:今本作"圣人之道",此据帛书乙本改。

上古时代，人民少而财有余，故民不争，后来人民众而财货寡，加以事力劳而供养薄，民始争。由于这个原因，古、今社会的群体道德规范与行为准则也有了变化。《韩非子·五蠹》所谓"上古竞于道德，中世逐于智谋，当今争于气力"，就反映了当时一部分社会现实。老子的时代，比之韩非子那会儿，尚称不得十足的"急世""大争之世"，但乱象已出，攘夺已起。置身这样的社会里，你要不争，谈何容易！

唯其如此，老子才将此作为一个窥破人性之恶的关键词，屡次提及。在他看来，"天之道，不争而善胜"，故"人之道"也应该"为而不争"，以合于天道。江海之所以能汇纳万川，就是因为它能自处于低下的位置。所以，要置身于人之上，必须先谦下地对待他们；要领先于人之前，必须得先掩身于人之后。只有这样，你占据着上位，人民才不感到负累；你的生活优厚于一般人，人民才不会感到自己的利益受到了侵害。

此外，老子还特别提出，为了"使民不

争"，你还须做到"不尚贤"(第三章)。你不崇尚贤才异能，民众就不会为了争贤名、显异能打破了头，那天下也就太平了。同样的道理，如果你是一位将帅，也不应好勇斗狠，相反，尤其要注意避人锋锐，不与之作正面的相争；又要善于用人，礼贤下士，这也是一种"不争"。"夫唯不争，故无尤"(第八章)，没什么可与人争，也就不会有怨咎临身，就现出了自身德性，实现了自古以来最高的准则。

我们知道，孔子也讲"不争"，所谓"君子无所争"(《论语·八佾(yì)》)，"君子矜而不争"(《论语·卫灵公》)，但他之不争的重点在不争行为的先手，有让人尚贤之意。而老子则不同，他之不争，专意在不争行为的后手，所以反让人不要尚贤。一重在德，一重在得。联想及《吕氏春秋·不二》所说"老聃贵柔，孔子贵仁"，似正道出了两人的区别。以"不争"的柔软身段，可以得到的比死争要多得多，这个道理不知道孔子学没学到。

今天的世道，从某种意义上也可以说是"急世"，或你追我赶的"大争之世"。人们为了嘴，跑断腿，连抬头看一下天的工夫都没有，如此只争朝夕，不仅跟别人争，还跟自己争，以昨日之我与今日之我相比对，更拿设想中的明日之我，重重地鞭挞今日之我，告诉自己，就是为了能停留在原地，你也得拼命奔跑。由于有了竞心，人就失了安详和宽裕，步履变得越来越匆忙,表情变得越来越"抽象",心绪就更别提了,越来越焦躁不自信。一般来说,人的需求越来越多,价值就会转向外在。这个道理许多人都理会得,只是明知道不对,却实在无力改变。以至于不等发令枪响,就冲了出去,有时抢了别人的跑道还不自知,甚至连目标在哪里都不及问、不及看,就撒开了脚丫子。如此缺乏"不争之德"(第六十八章),可能出乎老子所料。不是老子不明白,实在是这世界变化快。不经意间,许多事情,真的已在他老人家的知识之外了。

译文:

正因为不跟人争,所以天下没有人能和他争。

因为他不跟人争,所以天下没有人能和他争。

自然的规律,是不争攘而善于得胜。

自然的规律,利物而无害;人间的行事,施为而不争。

为政当避急暴

故飘风不终朝①,骤雨不终日②。

（第二十三章）

注释:

①飘风:狂风,巨风。朝:自旦至食时,一个早晨。

②骤雨:急雨,暴雨。

译文:

所以狂风刮不了一早晨,暴雨下不了一整天。

中国古代政治思想及制度的全部要义，某种意义上可以用"以德礼驭法术"来概括。早在殷商时代，伴随着天命神权和宗法观念的盛行，"以德配天""敬德保民"的观念就成为统治者为政的依据与根本。类似"明德慎罚"（《尚书·康诰》）和"勿庸杀之，姑惟教之"（《尚书·酒诰》）的训教，成为他们实施法治时通常遵循的准则。到了春秋时代，经孔子的提倡，"德主刑辅"和"以德去刑"的观念就愈加为人所采信。更不要说因为古代中国受传统宗法思想的影响，天道观念和家族观念深入人心，集人成家、集家成国、集国成天下成为普遍性的社会共识。这种社会共识影响及于政治思想和法则律令既深且远，使得整个社会不同程度地弥漫着一种非法律性的认同机制。老子反对为政多言，为政苛刻，包括现在要说的为政急暴，从言说背后的道德资源来看，显然与上述所说同源复同流。

但从另一个方面说，自夏商周三代，中国就有了成文法律，所谓《禹刑》《汤刑》《九刑》。春秋以下，一直到战国，各诸侯国为发展壮大自己，富国强兵，更是变更与制定了一系列新法。如魏国李悝所定的《法经》，就包括了"盗""贼""囚""捕""杂""具"等一整套完备的内容，这种完备想必是经过一个较长的发展过程的。所以，老子的时代，从某种意义上可以说是一个由"脱序"开始走向重新建立秩序的时代，但由于其间变化复杂,过程很长,后来竟至于进入"失序"的状态,指向了以后人们常说的"乱世"和韩非子说的"急世"。

所以,老子才忧心忡忡,对这种现象提出批评。有鉴于自以为是是人类的通病,那个时代的人们尤其如此,经常自炫聪明而不能被褐怀玉,所以一仍其思想的旧贯,他要人低下头向大自然学习,从大自然的运演中获得有益于人性成长的教训与启示。他说,你看到过狂风刮过整个早晨,暴雨下过整个白天吗?天行疾风暴雨尚且不能持久,何况人乎?所以统治者如要安治天下,应该从中学一些东西。这里,"'飘风'以喻暴政之号令天下,宪令法禁是也","'骤雨'以喻暴政之鞭策百姓,赋税劳役是也"。(王淮《老子探义》).

当然,不是每一个统治者都能谦虚地低下头向自然学习,故老子特别指出:"故从事于道者,同于道;德者,同于德;失者,同于失。"也就是说,从事于道的人就合于道,从事于德的人就合于德,既失道又失德的人则一定会丧失一切。简言之,"同于德者,道亦德之;同于失者,道亦失之"。你的行为同于德,道也会得到你;如果失于德,那么道就会抛弃你。你要警惕!

不过,结果非常遗憾,在紧接着的战国时代,不仅出现了许多人主力行严刑峻法,即与他一样的读书人,也有不少力主严刑峻法。至于以后,外儒内法,内多欲而外施仁义的君主更是不绝如缕；集权专制和高压政策之下，读书人行戒急用忍之事的也不计其数。以至于国家政治常常朝令夕改，急于星火。你说暴政不会持久，固然如此，二世暴亡、五世而斩那样的事，历史上还少吗？但它时不时地，或周期性地发作一下，也实在够你受的。所以我们需要制度啊。老子太高蹈了，他既然已经看透了人性的背面，为什么不设计出一个完善的制度供人取法呢？可能他也有所不能吧。基于这一点，出关也好，升仙也罢，想来他远引的步履不会太过轻松。

母之可恋

有物混成，先天地生。寂兮寥兮①，独立不改②，周行而不殆③，可以为天下母④。

（第二十五章）

天下有始⑤，以为天下母。既得其母，以知其子⑥；既知其子，复守其母，没身不殆。

（第五十二章）

对于自己哲学最重要的范畴"道"，老子有许多抽象的表述。譬如指出"道"有"冲"的特征（第四章），它"视之不见，名曰夷；听之不闻，名曰希；搏之不得，名曰微。此三者不可致诘，故混而为一。其上不曒（jiǎo），其下不昧，绳绳不可名，复归于无物。是谓无状之状，无物之象，是谓惚恍。迎之不见其首，随之不见其后"（第十四章）。又"惟恍惟惚。惚兮恍兮，其中有象；恍兮惚兮，其中有物。窈兮冥兮，其中有精；其精甚真，其中有信"（第二十一章）。其实所有这些，可以用一言以蔽之，就是"道"既精微和实有，又无法掌握与言说。

但这一切表述实在太玄太抽象了，说起来都很拗口。老子自知这一点，为了让人们有更亲切的体认，更确凿的印象，他开宗明义，在第一章中就用了"母"这个事象来作譬。他说："有，名万物之母。"所谓"万物之母"，是就万物的根源而言。他说，我所讲的"道"化生一切，一生二，二生三，三散而为万物，其情形就像女人创造生命，诞育人类。故天下的本始，可以用"母"来比喻，只要认识和了解了"母"，就可以认识万物。

为了进一步说明道理，他具体地说起了人的生命创造："谷神不死，是谓玄牝。玄牝之门，是谓天地根。绵绵若存，用之不勤。"（第六章）他说，那个虚而能受、变化莫测的"道"，就好似生殖化育出人类的母亲，在母亲的生殖之门，有着一切事物的根本。这个根本，长长久久地存在于那里，虽非一眼可见，但它不断地劳作，无穷无尽地作用。"道"之于天地万物，就如同母亲之于人类。人只有守护住了母亲，才能确保自身的延续，并终身没有危险。

按照古代中国人的观念，通常"以天为父，以地为母"（《淮南子·精神训》）。天是阳是动，是清是虚，是雄是刚；与此相对，地是阴是静，是浊是实，是雌是柔。天覆之而地载之，化育了包括人类在内的万类。但老子在此是借这个比喻说自己的话，不是说他不重视天，只重视地，有鉴于人人都能感知"大块载我以形，劳我以生，佚我以老，息我以死"（《庄子·大宗师》）这样的经验，所以他在此特别偏举"母"这个事象，来说明他要说的"道"化生万物的道理。显然，这个道理就很容易为人知晓。

老子进而还推展开去，讲到人生修养，要求人能崇本返本，能复归于"道"。"道"生天地间，万物仰之以生，一如人托母庇而存，所以他把"贵食母"（第二十章），看成自己比别人活得明白、活得有意义的一个标志。不仅如此，他还指出，就是治理一个国家也需如此。他把养精、积德、善任、有力视为国家的"母"，也就是根本，说："有国之母，可以长久。"（第五十九章）即有了保卫国家的根本之"道"，就可以长久地生存下去。这就把"道"的精义说得再清楚不过了。

所以老子是伟大的，不因为他深刻，而因为他深而能浅。悠长的历史，走过多少想拯救人类的哲人，但他们悬格太高，说话太深奥。其中有些人发展到后来，有些自顾自了。结果"生公说法鬼神听"。但，正所谓你想清楚了，也就说得清楚。你真的想清楚自己要说什么和为什么要这么说了吗？

或许，让老子登上今天的讲坛，也能受人欢迎，也必有"粉丝"无数，签名售书。老子的"粉丝"不容易叫。对着一众没享用过生命初乳的现代人，强为之言，或可称为"奶粉"。

译文：

有一个东西混沌一体，先于天地而生。它无声又无形，独立而长存，循环运行而生生不息，可以为天地万物的根源。

天地有本始，作为万物的根源。既然得知了根源，就能认识万物；既然认识了万物，又持守其根源，终身就不会有危险。

我不如婴儿

常德不离,复归于婴儿。

(第二十八章)

含德之厚,比于赤子。蜂虿虺蛇不螫①,攫鸟猛兽不搏②。骨弱筋柔而握固。未知牝牡之合而朘作③,精之至也。终日号而不嗄④,和之至也。

(第五十五章)

中国人管婴儿叫"赤子",如《尚书·康诰》中就有"若保赤子,惟民其康乂"这样的话。之所以这样称呼,或是因为婴儿降生时没有眉发,通体发红。也有另外一说,谓婴儿降生之初,长仅一尺,"尺"与"赤"通,故称赤子。

传统中国人对赤子或婴儿是有很好的评价的,老子也不例外,五千言中,三次提及,并将之视为一般人很难达到的高上境界。在粗粗说及这样的问题时,他的语气似乎总有所怀疑,所谓"专气致柔,能如婴儿乎?"(第十章)你看婴儿,蜂蝎毒蛇不刺咬他,凶鸟猛兽不搏抓他,他筋骨柔弱却握力非凡,他未识人道却能自动雄起,他整天哭号却倒不了嗓子,这是为什么?其实,那是因为他的元气淳和呵!你能这样把行气与精气结聚起来,保持住初生时的柔弱状态吗?老子每每用此来问奔竞中的人们,并用此来比况,说婴儿虽处弱小,柔弱之至,其实他们生机蓬勃,前程远大啊。

当然,婴儿之可效法不仅在于这一点,

注释:

①虿(chài):蝎类。虺(huǐ):毒蛇。螫(shì):毒虫用尾端刺人。

②攫(jué)鸟:用爪取物的鸟,如鹰隼一类。此句王弼本作"猛兽不据,攫鸟不搏",据简本及帛书本改,以与上句对文。

③朘(zuǐ):王弼本作"全",婴孩的生殖器。作:挺起。

④嗄(shà):哑。河上公本即作"哑"。

还在他们能够淡然无欲，心无计较。故这个柔弱不单单是指筋骨体质的"形柔"，更指一种"神柔"，即由和而无知、静而无欲造成的特殊的柔韧和柔强。他认为，这样的人只有含德深厚的人才比得上。所以他要人"复归于婴儿"，其实是要人复归于人性未醨(lí)的淳朴境界。

圣人自然也应该如此了。在位时不要太坚持自己的主见，也不要太固执于实现一己之私，这样使人心归为淳朴，百姓就能正常地用自己的耳目判断是非，并安和地度日了。这个时候，应该就是不主宰、不据有、不居功的圣人最快乐的时候。这个意思，老子是用田园般的诗意语言来表达的，他的原话是"圣人皆孩之"（第四十九章），即圣人像孩童般地看待他们。这是一份怎样切实的满足啊。

当我们经常把老子作脸谱化的简单理解，以为他是一个因积古而世故的老头，满腹经史、饱经沧桑的智者，所谓酒老味醇，人老识深，老子只想告诉你，他其实十分简单，比一般人都要简单。前面他已经说过，当众人兴高采烈，好像赴丰盛的大宴，又好像春日登上观远的高台，时时与道对话的他，通常独自恬静淡泊地站在一边，像是尚不知道嬉笑的婴孩。原来，他自己就是一个赤子。

或许，一个老到极致的人本来就接近于婴儿，或渐渐地回归于婴儿了吧。所以，我们看孔子，周游列国至齐国的郭门外,遇到婴儿一双闪烁着灵光的眸子,仿佛看到心正行端的君子,高兴得喊着让自己的御者快走近去看,说:"韶乐将升起了。"韶乐,那是美善相兼的音乐啊。在这个语境中,孔子的诗意似一点都不减老子。

爱默生《人生的行为》曾说:"我们为孩子的美丽和幸福感到极大的快乐,这快乐使我们的心灵博大到躯壳难以容纳的程度。"为什么是这样,仅仅是生命的延续吗?恐怕不是。

译文:

　　常德不离失,就能回复到婴儿的状态。

　　含德深厚之人,比得上初生的婴儿。蜂蝎毒蛇不刺咬他,凶鸟猛兽不搏抓他。他筋骨柔弱握力却强。他还不识人道就能生殖器挺起,这是精气充足的缘故呵。他整日哭号却不会哑嗓,这是元气淳和的缘故呵。

幽眇之谷

知其荣,守其辱①,为天下谷。为天下谷,常德乃足②,复归于朴。

(第二十八章)

上德若谷③。

(第四十一章)

注释:

①辱:即后起黷字,《玉篇》:"黷,垢黑也。"

②常:恒常、永久。

③上德:最崇高的德性。

"谷"本意指山谷，因它虚而卑，旷而能受，故被老子用为道体的象征。老子曾说："道冲而用之或不盈；渊兮，似万物之宗。"（第四章）指出道像一个虚而无形的容器，可以容纳万有，永无止限。这个容器如能放到至大，就是山谷或溪谷了。故他称及古代行道之人，其怀抱冲虚，就用"旷兮其若谷"来形容（第十五章）。

谷的虚旷是一种低调，是一种谦虚，它知道光亮之耀目，却仍能安于幽深之晦昧，如此养云兴雨，以吸纳万物，"注焉而不满，酌焉而不竭"（《庄子·齐物论》），"益之而不加益，损之而不加损"（《庄子·知北游》）。此外，因古人以"丘陵为牡，溪谷为牝"（《大戴礼记·易本命》），"牝"的古义指"畜母"，即一切鸟兽中的雌性，它似又有神妙莫测化生万物的母性的功能。如此能持谷的立场，进而"为天下谷"，其恒德自然充足，并自然能回归到大道真朴的状态。所以老子说"上德若谷"。

或以为，虚空的好处自然是在的，饱满难道不更好吗？老子不是说过"谷无以盈，将恐竭"这样的话吗？可见他也是希望饱满的呀。其实，老子说的饱满非关名利与财货等具体实有之物，他要充实饱满的是道，故说"谷得一以盈"（第三十九章）。"一"在他那里被用为道之数，得"一"者就是得道。显然，这种因道而盈，与我们通常说的饱满有本质上的不同，并且其表现形态也不相同，它望之若无，其实真有，是所谓"大盈若冲"（第四十五章）。这样的"大盈若冲"是最符合老子心目中道的征象的。

有意思的是，孔子也曾论及此意。有一次，他在周庙看到一件倾斜的礼器，就问守庙者："听说这个礼器有个讲究，满则覆，空则斜，只有半满的时候才归于正，有这回事吗？"守者点头称有。孔子让子路用水试一下，情形果然如此，他不禁喟然叹道："天底下哪有满而不覆的东西啊！"子路见他有感而发，就问："那有什么持满之道吗？"孔子答道："不过注满后又减损它而已。"子路又问："要想减损，有什么办法吗？"孔子的回答整赡而有深意："高而能下，满而能虚，富而能俭，贵而能卑，智而能愚，勇而能怯，辩而能讷，博而能浅，明而能暗，是谓损而不极。能行此道，唯至德者及之。"（《说苑·敬慎》）从具体用辞到所寄托的思想，都与老子相同。

谷是虚空，是处下、不争和包容的象征，所以被视为道的容器乃至大道的本身。当我们饱饫（yù）名位与财利，志得意满，昂然四顾,或者心中充斥着前见或偏见,又专执于自己的主见,我们自以为阅历丰富,知识博厚,家境殷实,人生完满,这时候,听听这样的教诲,再想及"满招损,谦受益"的古训,直如服了一帖清凉剂,洗髓伐毛,真的爽极!

译文:

　　深知明亮,却安于暗昧,作为天下的旷谷。作为天下的旷谷,常德才可以充足,并回归于真朴。

　　最崇高的德性就像旷谷一样。

看那块木坯

朴散则为器^①，圣人用之^②，则为官长^③，故大制不割^④。

（第二十八章）

道常无名、朴。虽小^⑤，天下莫能臣^⑥。侯王若能守之，万物将自宾^⑦。

（第三十二章）

注释:

①器：器物，亦指名器之器，如车服之类。

②之：此处指朴。

③官长：百官的首长，指君主。

④大制不割：帛书本作"大制无割"。制：裁也，此处指政治，取其均需裁割与弥缝之意。大制：形容完善的政治。割：乖违割裂。北大本本句属下章，且"大"前无"故"字。

⑤小：指道隐而难见。按：通行本"虽小"，简本作"唯妻"。"妻"，微、细之意。

⑥莫能臣："臣"下王弼本有"也"字，简帛本与傅奕本及唐宋诸本皆无，故删。

⑦宾：宾服。此处指宾服于道。

《说文解字》曰："朴，木素也。"木未经剖分裁割琢制成器，称为"朴"，一如丝之未经彩染，称为"素"，这两样东西都被老子用来形容道体无名而本真的状态，所谓"无名之朴"（第三十七章），"见素抱朴"（第十九章）。它不是智辩，不是诈伪，不是贪欲，也不是巧利，这些都是为老子再三反对，并引为天下昏乱之源的东西。它只是简简单单地保持着自己原初的质性，原来的样子，并对此无知无觉，既不以为这样的质地与形色可以夸扬于人，也不会因自己过于质原貌朴而觉得不能见示于人。它看去似愚，其实是真，所以王弼注老，称"朴，真也"。

老子要人向"朴"学习，当这个真朴的道散而为器物，特别是名器之器，如车服之类，由于"器以藏礼"，"车服所以表尊卑"（《左传·成公二年》杜预注语），所以圣人用之，就可以为百官之长。而这百官之长所推行的政治，他认为也应该像朴木一样，所谓"大制不割"。也就是说，良好而完备的制度和政治，是以天下之心为心，有道体之实之象，既未经人工之手，又没有刀斧之断，完整而不相割裂。或者再深求之，即使有所断裂和乖违，也被善为弥缝，复有原初的完满。中国古人每常用生活实事比喻政治，政治如烹饪，政治如行船，政治当然也可以如制衣。《韩非子·难二》曾记载"管仲善制割，宾胥无善削缝，隰（xí）朋善纯缘"。某种程度上说，多少已触及了这层意思。

当然，要"见素抱朴"，圣人自己首先应该做到"无为"。所谓君既怀道，民自还淳，君主是一纯善之人，知道荣辱立，病祸起，财货聚，纷争兴，知道应大智若愚，大巧若拙，好清净，不兴事，无私欲，士人自然能够"敦兮其若朴"（第十五章），人民自然也能安富，并化归于醇厚。如此上下一体，整个社会就会"复归于朴"（第二十八章），走上正轨。此所以老子说："我无欲，而民自朴。"（第五十七章）

"朴"是美德，故《庄子·山木》也推崇"既雕既琢，复归于朴"，《庄子·天道》进而认为"朴素而天下莫能与之争美"。故除了与"真""愚"等相联言外，"朴"还常与"拙""忠""厚""重""讷""诚""实"等字组合成词，用以称美天性纯善没有雕琢的真人。如《淮南子·主术训》就有"其民朴重端悫（què），不忿争而财足，不劳形而功成"。孔子称宰予"朽木不可雕也"（《论语·公冶长》），是因为他大白天睡觉；称子路"朴鄙之心至今未去"（《庄子·渔父》），是因为他不能力学，太过野放。他固然是不讨厌乃或喜欢适度雕琢的，但哪里反对过真朴？至于法家出于行法简明的考虑，就更尚简尚朴了。如商鞅《商君书·农战》就说："善为国者，仓廪虽满，不偷于农，国大民众，不淫于言，则民朴壹。民朴壹，则官爵不可巧而取也。"

只是，有些遗憾，"今人之性，生而离其朴"（《荀子·性恶》）。这个"今"似乎起自三代以后，但此后天下滔滔皆是，以至于狂放不拘礼节的李白，也会在《酬王补阙惠翼庄庙宋丞泚（cǐ）赠别》诗中，表达对"朴散不尚古，时讹皆失真"的不满。那个不做官更好的苏东坡，也会在《上神宗皇帝书》中，重生"近岁朴拙之人愈少，巧进之士益多"的感叹。想来诈巧公行，情怀真挚之人已吃了太多的苦头。

有许多人不懂，说起来人人都喜欢人性真朴和世道淳朴，为什么践行起来就这么迟疑费力呢？真是怪事！今天，人们都在讲和谐，追求个人身心的和谐，再到人际的和谐、社会的和谐，还有国与国之间新的相处之道，譬如和而不同，求同存异。所有这一切努力，都是为了让这个世界变得可以理解。这个世界上什么最可以理解？本色的、真诚的、简单的最容易理解。从这个意义上说，我们在意念中悬起这样一块木坯（pī），沉思反思，是能够看到人与人、国与国之间的理解与相处，实际是存在一条通衢的。

译文：

　　真朴的道分散而成各种器物,有道之人用此真朴,则为百官之长。所以完善的政治不乖违割裂。

　　道永远是无名而真朴的。虽隐而难见,天下却没有人能臣服它。侯王如能守住它,万物将会自然归服。

你打他还何时了

以道佐人主者,不以兵强天下。其事好还①。

(第三十章)

注释:

①还:还报。简本此句作"其事好",且置于章末"果而不强"句后。

译文:

用道辅助君主的人,不靠手中的兵力逞强于天下。用兵这件事是一定会得到还报的。

我们后面还会说到，一部中国古代史，战争自始至终都没有停歇。但古代中国人对于战争，经常是取一种否定态度的。何以见得？只要看看历代人对战争的咏叹就可以知道。在这些篇什中，古人根本无意于区分什么是正义的战争，什么是非正义的战争，它一味突出的，往往只是战争的残酷和士兵的苦难，是"枭骑战斗死，驽马徘徊鸣"（汉乐府《战城南》），是"黄尘满面长须战，白发生头未得归"（令狐楚《塞下曲》）。在这样一种对战争惨象的描绘中，还有对敌对双方所作的不加区别的凭吊中，中国人其实已表明了自己反对一切战争的鲜明态度。

老子就是这样一种中国人的早期代表，他看透了战争许多时候起于人类的欲念这一本质，所以无意于区分战争的性质，而只是执拗地表明自己对它的反感。在同章中他说："师之所处，荆棘生焉。大军之后，必有凶年。"用今天的话说，就是战争阻断了经济的发展，害苦了苍生百姓，甚至破坏了自然环境。这样的感叹，很可以看作是以后王粲《七哀诗》（"出门无所见，白骨蔽平原"）和曹操《蒿里行》（"白骨露于野，千里无鸡鸣"）这类诗的前声。

正是基于这样的立场，他要人即使开战，也宜执守如下的原则："善有果而已，不敢以取强。果而勿矜，果而勿伐，果而勿骄，果而不得已，果而勿强。"也就是说，用兵只要达到目的就可以了，不要用来逞强。达到目的以后无须骄矜，也不要炫夸，而要在内心存一种慈忍，方寸间有一份实在不得已的深刻的悲悯。其中，最能体现他平等地看待一切战争的，就是他的"其事好还"说。他揭示出这一点，是要人想到，就好像你杀人之父，人亦杀你父，你杀人之兄，人亦杀你兄，一旦敌我交战，情形也就是这样。如此兵凶战危，反自为祸，还不赶紧罢手！

当然，老子无意于严格区分战争的正义与非正义，并不等于说他不重视这一点。它只是表明——我对正义的战争通常也有所保留,那非正义的战争还用得着说吗?
战争已经是人类最愚昧残酷的行为了,再
妄启战端,多行不义,自食其果乃至自取灭
亡,是眼见得到的必然。对于这样的事,这
种人,老子已没有兴趣再说些什么了。

兵器这东西

夫兵者①,不祥之器,物或恶之,故有道者不处②。

兵者不祥之器,非君子之器,不得已而用之,恬淡为上③。胜而不美,而美之者,是乐杀人。夫乐杀人者,则不可得志于天下矣。

杀人之众,以悲哀泣之④,战胜以丧礼处之。

(第三十一章)

注释:

①夫兵者:王弼本误作"夫佳兵者",此据帛书本订正。

②物或恶之,故有道者不处:帛书甲本作"或恶之,故有欲者弗居"。物:公众。

③恬淡:此处指因心非所好,故意趣甚缺。

④悲哀:王弼本作"哀悲"。傅奕本、河上公本及众古本都作"悲哀"。泣:为"莅"之讹,作莅临、对待讲。

中国的兵器发明很早，留存至今也多。从类似《考工记》之类的史籍记载，到出土实物的考古研究，都可表明，当其锻造之际，融进了古人许多的聪明才智，用今天的话说，其科技含量是很高的。但在老子看来，因为它属"不祥之器"，再好也是不好。

在同一章中，他把这个意思连说了两遍，先说兵器为人所厌弃，有道之人多不用它，再说兵器非好物，所以不该是君子使用的。这样一章之中两致意焉，在《老子》全书中是很少见到的。究其原因，只能说，他想对这个判断作特别的强调。

那么，兵器是不是真的如他所说，既为人们所怨恶，又为有道君子所弃用呢？只消看看周王朝崩溃后，春秋两百多年间，纷起丛出达四百八十三次之多的战事，齐桓公、晋文公等"春秋五霸"的尚力任强，还有各国内部"公家"与"私家"的矛盾冲突，就可以知道，事情远不是这样的。至于今天出土的周至春秋、战国时期的兵器，更是矛戈斧钺不缺，刀戟剑戚齐备。对此，老子可能不知道吗？自然不可能。他这么说，无非是为了向人悬示一个高的标格，要人知道，在这个世界上还是有有道之人的，他们讨厌兵器，进而讨厌战争，或者说，什么样的人是讨厌兵器、讨厌战争的。

这才有底下说的万不得已而用及兵器，当以"恬淡为上"的话。什么是"恬淡"？"恬"者不欢愉，"淡"者少意趣，也就是说，万一操家伙打将起来，切忌杀红了眼，相反，你需有不得已而为之的不忍之心，有由内而生的深深的厌弃之情。只有这样，你才能做到胜利了不得意洋洋，因为你本来就不是一个喜欢杀人的人。倘若你是一个嗜杀之人，那就必定不能获得任何惊世的成功。

读着这样的文字，我们能感觉到老子心底的无奈和痛苦。而当他说杀人众多，应挟哀痛的心情临场，打了胜仗，应用丧礼的仪式处理，能不让人对兵器和战争存在的必要性作彻底的质疑吗？自己有了成功，能谦虚谨慎，别人有了败亡，能哀矜勿喜，这已经是一个有德性的人了，但老子坚持说，你还应该心存哀痛，你还必须举办丧礼。这样的人就是战争年代的有道君子。

自兵器从一般生产工具中分离出来，到黄帝为重整天下秩序而"习用干戈"，战争就成为古代中国司空见惯的社会现象。其实，岂止是中国，一部兵器发展的历史，在某种意义上就是一部人类社会的发展史。不仅古代是如此,人类进入现代社会,很大程度上仍是如此。只是,已经有太多的战争了。"一将功成万骨枯",有太多的英雄因善于用兵而青史留名,更有太多的君王以雄才大略而稳占着后人的崇敬。现在该轮到我们了。我们来化剑为犁!我们来销铁成器!老子还谈过兵,我们再不言兵!

译文:

兵革是不祥之物,人们都厌恶它,所以有道之人不用它。

兵革是不祥之物,不是君子使用的东西。不得已而使用,最好淡然处之。胜利了不要得意,如果得意,就是嗜杀。嗜杀者,就不能成功于天下。

杀人多了,带着哀痛的心情去对待,打了胜仗要用丧礼的仪式去处置。

认识你自己

知人者智，自知者明。

胜人者有力，自胜者强①。

（第三十三章）

知不知②，尚矣③；不知知④，病也。

（第七十一章）

是以圣人自知不自见⑤；自爱不自贵。

（第七十二章）

这是一个千古难题。在西方被刻上神庙，在中国则被挂在嘴边。对此，老子的教导是"知人者智，自知者明"。知人不过表明了人有力量，或人有了战胜他人的力量，自知才让人成为战胜自己的强者。所以他紧接着又说："胜人者有力，自胜者强。"一个人倘能"知人"，固然可见出智慧，但这种智慧也容易流于算计，或易为狡黠。只有同时能够"自知"，才算神志清明，并因着这种通透的明澈，他才不易受人蒙蔽，并不易自蔽而蔽人。

那么，什么是"自知"呢？千万不要以为一个人才难自弃，如数家珍地为自己评功摆好是自知，恰恰相反，它更多的是指向人对自己短处的认知。并且，不是那种有眼不能自视、有力不能自举的自然的短处，而是人内心深处的痼（gù）疾与不足，由此知道什么是自己所不具备的德性，从而谦虚地学习别人，什么是自己所承受不起的赞誉，从而识趣地让给别人。从这个意义上说，自知这件事说说容易，真做起来大难。

与此相关联，还有一个问题是，人什么时候需要"自知"？是在平居，是在日常吗？不是，它端在荣誉猝然降临的时候，夸扬纷至沓来的时候。因为这种时候往往牵涉利益，要做到大利在前，撒手一放，不是一件容易的事。也正因为不容易，它让人的自知能力倍受严峻的考验。能否在告诫自己"自爱不自贵"的同时，做到"自知不自见"，也就是不自我表扬、得意洋洋，很可以看出一个人是否真的具有大智慧。从这个意义上又可以说，有时自知这件事，连说说也是大不容易的！

所以，老子特别提出，人要"知不知"，就是要知道却不自以为知道，这是讲谦虚的重要性，是一种对一己之才终有所不逮的自知。有人将其理解为要知道自己有所不知道，这又是在讲认识到自己有罩门与软肋的重要了，是上述对自己短处的自知。他认为能做到这个才是大好。反之，"不知知"，即不知道却自以为知道，就是太坏的缺点了。

可是千百年来，海田三变，沧桑几换，人还是如此，"知不知"的太少，"不知知"的却到处都是。至于看别人明白、看自己糊涂，就更多了去了。看别人明白，往往已被人称为世事洞明、人情练达，说是有此大才，何愁事不就、业不成？所以人们每每强调，在江湖中行走，在社会上历练，首要在识人，知道哪个可以合作，哪个不可信赖。可一旦遭到失败，他们也最容易采取诿过于人的做法，一句"算我瞎了眼了"，就可以将自己的无能与过错推卸得干干净净，侥幸的话，还可以博得他人的一份同情；一旦受到伤害，记恨别人的时候，也可以从牙缝里挤出一句阴冷的话，说："我认得你！"有几个人能真的认得自己，知道有此一难，全系个人薄德，有此一辱，或出一己的轻躁呢？

正因为如此，由老子书中引出的"人贵有自知之明"一语，才成了高悬在每个人头上最明澈的镜子。拿破仑说过一句话："善于奉承的人一定也精于诽谤。"可谓知人之言，因为他道出了所有的赞辞都有可能掺入迷药的事实。但他认识自己吗？恐怕未必。还有，他是伟人吗？我们以为当然是，但用老子的标准，恐怕也未必。

欲望的旗帜

道常无为而无不为①。侯王若能守之，万物将自化②。化而欲作，吾将镇之以无名之朴③。无名之朴，夫亦将不欲④。不欲以静，天下将自正⑤。

（第三十七章）

咎莫大于欲得，祸莫大于不知足⑥。故知足之足，常足矣。

（第四十六章）

注释：

①无为：是指顺其自然而不妄为。王弼注："顺自然也。"无不为：指道生成一切，故又无不为。此句郭店简本作"道恒无为"，帛书甲乙本作"道恒无名"，无"而无不为"四字。

②自化：自我化育生长。

③镇：简本作"贞"，正、安的意思。

④无名之朴，夫亦将不欲：简本于"无名之朴"一句无重复。"夫亦将不欲"，简本作"夫亦将知足"。

⑤不欲以静，天下将自正：简本作"智（知）[足]以静，万物将自定"。帛书甲乙本、北大本中"不欲"作"不辱"，"欲"与"辱"音近通假。"正"，河上公本作"定"。

⑥咎：灾殃。此句王弼本作"祸莫大于不知足，咎莫大于欲得"，今据郭店简本移正。又，此句通行本与简、帛本略异。简本为"罪莫厚乎甚欲，咎莫佥（憯）乎欲得，祸莫大乎不知足"。帛书本为"罪莫大于可欲，祸莫大于不知足，咎莫憯于欲得"。陈鼓应以为简本句序似优于他本。

说到欲望，它几乎是一切行为发生的深层原因。没有欲望，万物的生长化育便失去了动力和依据，世界上的一切也就太过平静而不见精彩。就老子来说，一方面，他肯认"万物将自化，化而欲作"的客观现实，另一方面，又深知任由欲望横行的危险，所以书中各处，多次论及去欲的问题。

依他的认识，人之所以欲望多多，全因不能知足。能知足者，就不会或利欲熏心，热衷奔竞，或低眉垂目，礼下求人。有道是不取于人即是富，无求于人便是贵，你还要什么富？还要什么贵？你真的应该知足了。只有知道了知足可以给人带来真正的富足，你才能长享富足。怎么讲？因为知足者满足于自己已经拥有的一切，所以此心再无他求，不仅对人无所求，对这个世界也无所求。好好想一想吧，一个对一切都无所求的人，谁能辱得到他？所以老子说："知足不辱"（第四十四章）。

那么，圣人如何才能让人们不沉浸于欲望的泥淖而不能自拔呢？老子的答案或有些不自信，某种意义上说有点像鸵鸟的应对，他要人"不见可欲"（第三章），认为只有这样，人心才不至于迷失和惑乱。不过他心里明白，这样的办法并不现实，所以又提出让人保持虚静的心态，屏弃耳目之好，坚守一己本真的要求，要人做到"无知无欲"（第三章）、"少私寡欲"（第十九章）。那么，又怎么能够让人做到心无贪欲而归于宁静，并由此使天下自然导向安定和平静呢？他提出的建议是用道所特有的真朴。

前面，老子已经讲过"无为""不争"和"清净"的好处，这里再讲去欲，我们应该可以明白，他不是叫人做一块木头，正如这世界上草木也有生理，人也有欲望。他只是说，你的人生，别尽让欲望带着走。

但遗憾的是，要人明白这一点很不容易，要今天的人明白这一点就更困难。因为在今天这个时代，绝大部分人刚刚摆脱匮乏经济时代的可怕阴影，对什么是知足，多少才够谈知足，尚不能有清醒合理的判断。人们的标准太多了，太难统一了。更何况，不是所有人都认可知足就能不辱的道理。他们还缺少这部分的亲身体验。于是，有点可笑的，农耕社会的空想啊，有点不合时宜的，犬儒主义的蛊惑啊，类似的怀疑和嘲讽就经常可以听到。

在西方，古代的犬儒主义者大多衣食简单，生活刻苦，讲求克己，不尚名利，他们所讲的"返归自然"及其所奉执的苦行哲学，与老子及道家的面目多少有些相似。但如今，他们的后人对这样的教诲也都不以为然了。这些人认为，只有永不知足，才能永远进步。人是应该返归自然，但必须带着充足的荷包坐着私人游艇或飞机返归，并前有秘书，后有保卫。不然，怎么说都有点儿像扯淡。

相信这样的想法，一定写在不少奋斗者的心底，进而还可能成为年轻人励志的格言。所以直到今天，欲望的旗帜依然高张，欲望的主题充斥于当下一切的文类，从诗歌、小说到戏剧，电影电视就更不用说啦。

译文：

　　道永远是顺任自然而不妄为的，唯此之故，一切无不由它所为。侯王如能守此，万物将自生长。自生长而至起欲念，我就用道的真朴来安定它。用道的真朴来安定它，就会使欲念平息。不起欲念而宁静下来，天下自然就归于安定。

　　灾殃再大大不过贪得，祸患再大大不过不知足。所以知道满足之足，就能长享满足。

我非礼

夫礼者,忠信之薄①,而乱之首②。

(第三十八章)

注释:

①薄:衰薄,不足。

②乱之首:祸乱的开端。

译文:

礼,是忠信不足的象征,一切祸乱的开端。

王国维曾说老子的"伦理及政治思想皆为消极主义,慕太古敦朴之政,而任人性之自然,以恬淡而无为为善。若自其厌世的立脚地观之,则由激于周季之时势,愤而作此激越非社会的之言者也"。老子是否能算消极主义、厌世主义者暂不说,他愤而好为有激之言,则是肯定的事。说礼是"忠信之薄,而乱之首"就是一例。

　　与老子的许多言论一样,这句话听起来有些刺耳,但细细想来,就觉得既中于事,又切于理,不由人不信服。在推断这个结论时,老子的逻辑显得完整而又雄辩。他说:"上德不德,是以有德;下德不失德,是以无德。上德无为而无以为,下德无为而有以为。上仁为之而无以为,上义为之而有以为。上礼为之而莫之应,则攘臂而扔之。"他的意思是说,"上德"也就是真正有德之人因崇尚无为,故不把德放在嘴上,自恃有德,德反而常在;下德之人因自知德薄,故刻意有为,多方营求以免失德,德反而不在。上德之人做起事来,顺任自然而无为,上仁之人虽有为但尚无意,上义之人是既有为又有意,上礼之人就等而下之了,因过分有为与有意,结果在遭人反感之后,只好扬起胳膊动粗,强拉人来从己。

　　可知,在老子看来,"道""德""仁""义""礼"五者之间存在着一种相互依存的关系,但在修养层次上,后数者所挟"道"的含量却是层层递减越转越淡的。"道"居最上端,是因其恬淡无为,不先物而动。"德"以下诸端就开始有为,且随着有为者主观"前识"的增加而离"道"日远,真所谓人机一深,天机就浅,天机一浅,罪恶万千。此老子所以在同章中说:"故失道而后德,失德而后仁,失仁而后义,失义而后礼。"其所讲的道理和讲的方式与第十八章论"大道废,有仁义"如出一辙。有的研究者以为,老子这几句是在说"丧失道就会失去德,失了德就会失去仁,丧失了仁就会失去义,失了义就会失去礼"(陈鼓应《老子今注今译》),其实他的真意是:这个世道,只因失去了"道"才有"德",失去了"德"才有"仁",失去了"仁"才有"义",失去了"义"才有"礼"。所以"礼"这个东西,正是忠信不足的象征,一切祸乱的开启。

在先秦诸子哲学中,我们经常可以看到对上述诸哲学范畴的讨论,如韩非子就说过德是道之功、仁是德之光、义是仁之事、礼是义之文这样的话。以后《文子·上仁》也说:"古之为君者,深行之谓之道德,浅行之谓之仁义，薄行之谓之礼智。此六者，国家之纲维也。深行之则厚得福，浅行之则薄得福，尽行之则天下服。"他们认为，修道德之人可以正天下，修仁义之人可以正一国，修礼智之人等而下之，只能正一乡，其逐层递减，正与世风日下、人心日醇相对应。所以当老子说出"我非礼"这样的话，不由得你不深思、不相信。

道：未尝不是笑话

上士闻道，勤而行之①；中士闻道，若存若亡②；下士闻道，大笑之。不笑不足以为道。

（第四十一章）

注释：

①勤：勤快，积极。

②若存若亡：此处指将信将疑、迷惑不解的样子。

"我之至大光明的道啊，看似幽暗晦昧。我之引人前行的道啊，看似谦退难进。我之坦荡如砥的道啊，看似崎岖不平。可你们看清了吗？我所推崇的美德好似旷谷容纳万物，我所标示的纯白像能藏垢纳污；我德性深广啊，好似仍有不足；我德性刚健啊，乍一看你还以为是柔弱和偷惰；我品质纯真啊，好似没有原则。但你们可知道，至方至正者通常没有棱角，至贵至重之器总在最后成就，至大至和的音乐听来莫辨宫商，至大至显的形象反而没有实迹。我的大道就是这般的难以命名，但只有它才能襄赞万物啊，并成其自性！"

这是老子对道的描述。回到他的原文，所谓"大器晚成""大音希声""大象无形"，等等，都已经成为人们表达现实人事和艺术创造规律的经典用词。但就老子而言，他那些堪称最经典的话，几乎都是为了说明道而设的。一般来说，老子不是一个喜欢多说话的人，即使说了，也多要言不烦。但这一次，他竟说了那么多，多方设喻，唯恐不尽。想来，对人们是否都能听明白，他不怎么有信心。

可不幸的是，事实恰恰就是如此。虽说天下读书人都恃才自守，但志趣不同，怀抱各异，三六九等一般，杂得很。上士听说了他的道，二话不说，努力地去体会，积极地去践行；中士听了这个道，大多迷惑不解，将信将疑，或许心里尚存着一份钦敬；下士听了这个道，最是让人叹息，竟哈哈大笑起来。鲁迅说老子为人"戒多言而时有愤辞",对此,他带着愤激情绪的回应是:"不笑不足以为道!"那不被人嘲笑的还算是至理妙道吗,还算是如天的大道吗?

其实,老人家正不必愤激。放眼古今中外,先知的命运从来就是不易被人理解的,所以在自己的故乡,他们总是寂寞。在先知是一种热意的拯救,在庸众不过是一场不经意的笑谈。所以,老子只好出关。按他的本意,他没打算留给人自己的思想。说他傲世行,说他乖僻不情也行,但这一切都情有可原,正如后来的研究者诗意地指出的那样,他曾经预言过劫数的到来,然而人们尚甜寐于未朴的岁月之梦,白白错过了许多的时光。现在,除了这五千言的零乱箴言,他再没有什么可以告诉人们了。

译文：

　　上士听了道,努力去实行;中士听了道,将信将疑;下士听了道,哈哈大笑。不被嘲笑,那就不足以成为道!

道:未尝不是笑话　　133

学会做减法

故物或损之而益,或益之而损。

(第四十二章)

为学日益①,为道日损②。损之又损,以至于无为。

(第四十八章)

注释:

①学:此指政教礼乐之学。日益:河上公注为"情欲文饰日以益多"。

②道:指自然之道。日损:河上公注为"情欲文饰日以消损"。帛书乙本作"闻道者日损"。

是不是有这样的一种情况,有时候我们读书愈多,知见愈丰富,我们的德性非但没有增加,反而愈加减少,以至于在旁人看来还有点儿面目可憎?说这个人不读书还好,一读书就像变了性情似的,越来越坏。生活中,有不少具体的例子为这种判断提供着支持。比如说有些知识人异乎常人的乖僻与不情,让人觉得难以亲近。这还是藐乎小矣。有些知识人忒好阴损,面善心垢,倾轧他人,甚至挟智违性,高科技犯罪,更是动摇了人们对常识的信心。

类似这样一种特异而反向的对待关系,是老子特别感兴趣的,也是他特别愿意花力气去追究的。应和着好冲虚、恶盈满的个人趣味,他的基本主张是:与其这样为学日增,还不如减少一些。他称这种特意的减少为"损",以与"益"相对,并认为最好是"损之又损",臻于无为。在中国人的哲学中,这种"损"的思想最早见于老子。

当然,老子的上述主张是有特别所指的。那就是,当时人们普遍开始逞机巧、行诈伪了,即使学习政教礼乐,也意在功利,而非进道。联想到《汉书·艺文志》称诸子之学"皆起于王道既微,诸侯力政,时君世主,好恶殊方,是以九家之术,蜂出并作,各引一端,崇其所善,以此驰说,取合诸侯",特别是战国以来诸侯并作,厚招游学,于是读书人但闻令下,各以所学,任张议论,并入则心非、出则巷议的情况,还有类似商鞅"圣人之治也，多禁以止能，任力以穷诈"的论说(《商君书·算地》)，可知当时读书人为学不正的现象确实不同程度地存在，所以他的这种主张根本算不上过分与偏激。

但面对这种现象，改变的力量是微弱的。怎么办呢？许多人困惑多多。老子给出的意见带着一丝愤激，更多的却是无奈。或许正如他所说，"物或损之而益，或益之而损"。有时候增广知识只会使诈伪之心更炽，进道之心反而减去许多；有时候减去进学之功，反而会增进人的向道之心，甚至，减少了那种功利的进学之心，学问本身也会变得更加精进。这就是老子的辩证法。在这种辩证的论述中，他把自己的主张更普遍化为一般意义上的方法论了。

所以，老子绝不像有人说的那样，不要知识或贬低知识，相反，他对外部世界充满着探究的兴趣，对为学也抱有纯粹的热忱，不然，他说不出这样透彻的道理。而就后人来说,我们也不会对他的话仅作字面的理解,因为我们知道,要懂他的话也得有知识。哪里可以真的将学问一事"损之又损"了,那岂不是白痴。

译文:

所以一切事物,有时减损它反而使它得到增加,有时增加它反而使它受到减损。

为学愈久巧伪愈增,求道愈久巧伪愈减。减而又减,臻于无为。

难道多藏是为了厚亡

多藏必厚亡①。

（第四十四章）

是以圣人欲不欲②，不贵难得之货③。

（第六十四章）

注释：

①厚：重，多。

②欲不欲：以不欲为欲。

③货：财物。参见第三章"不贵难得之货，使民不为盗"。

中国人从来就喜欢把过去的一切说得花好稻好。就说钱吧，可谓人所共好，古今中外概莫能外，但我们总喜欢说，那是现在，过去可不这样。如果把这个过去推至古代，就更不这样了。此即"世风日下"一类的感叹常在人耳的缘由。

相对于老子的时代，所谓古代就是上古社会了。对那个时代，连对人性之善基本没什么信心的法家，都说好得不得了。其他各家就更如此了，都说"古之君人者，以得为在民，以失为在己；以正为在民，以枉为在己。故一形而失其形者，退而自责"（《庄子·则阳》）。后来就不同了，这些君主欲望太多，只想举天下以自奉，越往后，越是一蟹不如一蟹。有的看去龙行虎步，形貌威重，其实就光鲜个表面，拎出来，排一起，一堆烂苹果，没什么好挑的。若一定要论定昏明，判别圣愚，不过比烂而已。

譬如，他们个个都贪财，只是贪的程度有别。有的凡能到手的都想要，即使不能到手的，倾一国之力妄启战端也想要。由此，管什么"贪多咽不下"，相反贪心与财富俱增，不但与民争利，还公然夺民之利。朝政一塌糊涂，农田一片荒芜，仓库已经空虚，他们仍在享福。比如，着美服，执利剑，饱酒肉，盈财货，横行国中，旁若无人。老子就极其不齿这样的行为，直称其人为"盗夸"（第五十三章）。何谓"盗夸"，用韩非子的解说，就是盗魁也。

老子认为,圣人不应该"贵难得之货"（第三章),因为它"令人行妨"（第十二章）,也就是有碍人操行的培养与坚守。《仪礼·聘礼》所说"多货则伤于德",也是这个意思。考虑到先秦时"贵货而易土"（《国语·晋语七》）蔚为风气,所以他要求圣人"不贵难得之货",除了修己之外,实际上还有一个正人的目的在里边,譬如"不贵难得之货,使民不为盗"（第三章）。但这些人都让老子深深地失望,哪里还谈得到正人呢？就是自己,也都快放滥到不可收拾的地步了。

所以,他只能降低自己的调门,苦口婆心地劝说:钱财这个东西,自生出来第一天起就是要流动的,你不要想把它们都留在自己兜里。再说,生不带来,死不带去,就是金玉满堂,你能守得住么？你藏得越多,你的败亡就越惨啊!

但,没什么人听他的。或以为,我自己消受不了,可以留与子孙呀。但老子告诉他们,这也是人的一厢情愿。因为纵使留与子孙,也未必就等于守住了。正所谓药能生人,亦能杀人,钱能福人,也能祸人。若你的子弟原本很好,因为猛然间有了钱,来路容易,又失了看管,很有可能就会把持不住,或玩物日久而堕落,或放浪纨绔而沉沦,失了书香事小,就此失了高远的志向,怎生是好?而倘若你的子弟本来就不是有志青年,那"钱烧口袋漏,一有就不留",更是可以想见的事了。最让人担心的是,你还不知道他会作出什么孽来,败了家也就罢了,坏了门风和祖上累世积下的令名,事情就很大。贤父难免生逆子,结果不要说予人,连一己的温饱也保证不了,认识的人还知道他是某家的公子,不知道的,还以为是新增的寄户和过路的盲流呢。

看看东西方,想一想古往今来,这样的事情是不是有很多?在西方,就有"The father buys, the son bigs, the grandchild sells, and his son thigs"这样的谚语,译成中文是:"父买子修孙子卖,重孙上街当乞丐。"这似乎是穿过时光隧道,老子"多藏必厚亡"说的越洋回响。

此时,再看看那些受过财富伤害的,或对富人心存妒忌的人,一定心里倍觉舒坦,因为他们会感觉到天道的公平,心理获得了极大的补偿。你看看,有悭(qiān)吝的父亲,必有败家的儿子,有钱有什么好?有道是家小业小,烦恼也少;钱袋是重了,可心事跟着也重了。再说了,金钱有翅,财富易散,大得大失,小得小失,我们就认了吧。这样想着,似乎就有了耐心,去继续自己平淡清苦的日子。唯独一生攒钱藏钱的你在地下很痛苦,想到但令长幼内外勤修恒业就是善谋生者的道理,自己都觉得为时太晚。再想到留钱儿孙,倘其贤而多财,则有可能损志,倘其愚而多财,则有可能益过的道理,更是不能安稳。可地下的人还能管地上的人吗?

西哲叔本华说:"财富就像海水,饮得越多,渴得越凶。"其实,这哪里是渴不渴的问题,这是要老命的大问题啊!

译文：

    过多地藏纳财货必定会招致惨重的损失。

    所以有道之人以没有欲望为自己的欲望，不以稀罕贵重的东西为贵重。

难道多藏是为了厚亡   143

你能走多远

不出户，知天下；不窥牖，见天道①。

其出弥远，其知弥少。

是以圣人不行而知，不见而明②，不为而成。

（第四十七章）

注释：

①见：帛书甲乙本、北大本皆作"知"。天道：自然的规律。

②不见而明："明"原作"名"，古时两字通用。

当今文坛有所谓用脚写作的一族。整天成群作会，看山逐水，玩一路，写一路，内容无非是乡野天蓝水绿、海外厕所幽香。由于是走马看花，写不到点子上，有时不免"俄睹鱼鳖，谓察蛟龙"。主人看了尴尬，识者引为笑谈。有的时候，事不够，情来凑，人已收桨上岸，笔下仍滴滴答答，本身就是一道令人发噱(xué)的风景。

其间，也有一二用心之人，行前看过专书，途中访及耆(qí)宿，但回家后书蠹(dù)病发作，夸多斗靡，吹毛索斑，以至牛花茧丝，无不辨析，小小名物，也赔上全副精神发扬，结果直让人轻拈不得，重视又不是，取去之间，好生为难。

或以为，中国人向来主张读万卷书，行万里路，行路之能壮大人生的视野与境界，无可置疑。但一来这两者是互相依存的，即今人所谓要读书，并能将书上的知识用于路上，再将路上所得与书本相质证，且所欲质证之事关乎天下生民，取意正大而绝不闲碎；二来这行路同时又纯粹是个人的事，且有不得不行的原因，有困在道途的寂寞与死在荒蛮的风险，其所有的艰难坎坷，绝非喝完早茶睡软床的"脚写族"能够梦见。故其人面对批评，或偏举一端以为搪塞，或引古证今以为口实，并不足以服人。

而更为重要的是，就写作而言，人类现有的经典创造似乎并不那么依赖于行路，更丝毫无关于游玩。写作对珍视它的人来说，永远只基于生命的冲动，永远只关乎内心。它要遍历的是人心挣扎的历程，要搜讨的是人类曲折的心史。自然，这种心史与现实有关，乃或还受到现实的深刻规定，但任何时候都不能抹杀的是，一切世相百态到最后都有待人运诸一心，并吹嘘进生气。唯有这生命是敏感的，充盈的，他认识的庭院才会真正有柏树拱把，杨树合抱，才会够他朝夕观对，产生得神忘形的冥想。对于这样的生命而言，只要愿意领略，脚下便是契心之地；只要认真体会，安处就能视通万里。

其实，人类一切的精神创造都是如此。当西方的神垂死，西方的哲人们让思虑静定，任灵魂出游，内省以识物理；当东方的天将老，东方的智者们让无弦琴息，邀无华花开，闻香而悟天道。他们用的正是心的功夫，并借这种功夫，拨删枝蔓，拓展景深，从而让自己的智性看到了顶巅的风景，还有彼岸闪烁的灯台。因为他们知道，"大道多歧"，要迷失太过容易，而执此一心，沉静下去，既了解了自己，又把握了世界，这才是以一驭万的道理。

回过来想想中国人的智慧，安坐家堂念佛，将一己的体悟化作一串念珠不停息的捏点，是大师；而奔突于道途，千里烧香之人，难道不只是信徒吗？遗憾的是，那些一味游山玩水的写手不明白这个道理。寻其辙迹，多通向名胜，而不接着心灵，所以即使走了许多路，仍难免说些不开眼的话。

这就使人想起了老子的训教。老子认为，一个人应该涤除主观的蔽障，以本明的智慧和虚静的心态，去返观和照鉴纷杂的外物。如果能做到这样，即使不外出也能尽知天下之事，不亲见也能究明万物之理。剩下的事，就是垂手无为，坐待成功了。此所谓"不出户，知天下；不窥牖，见天道"。不然的话，你走得越远，知道得越少，你被你所眼见的越来越多的事，都快弄得失去心智的清明了。

对这一章，历代注家或有别解。有人指出，文中的"知"不是指自知，而是指为人所知。如果是这样的话，那就是说，有道之人不出门，他的大名就已经为天下人尽知了。这样的事情确乎有。但不管作何解，老子以为有道之人不依赖于行走这一点是可以确知的。

或以为，老子的这一判断玄得有些离谱，是不是亲历与实践都可以不要啦？你要这样说，我可以不认为你是在存心抬杠，但你和我看问题时，从基点到终点似乎都不相同。想及西哲康德一生未走出故乡哥尼斯堡十里之外，或许隔着时空，可以印证这一判断的精辟吧。

再想及自己读过的书，走过的路，关于人类，老子的提示好像是这样的：人走向自己内心的路，远远比走向外部世界的路要遥远漫长得多。

译文：

> 不出门，就能推知天下之事；不推窗，就能见证天道的法则。
> 有人出门越远，知道的就越少。
> 所以圣人不出行就能感知，不察识就能明辨，不作为就能成功。

少说或者不说

知者不言，言者不知^①。

（第五十六章）

信言不美，美言不信^②。
知者不博，博者不知。
善者不辩，辩者不善。

（第八十一章）

注释：

①知者不言，言者不知：郭店简本作"智之者弗言，言之者弗智"。由各本与各家注，"知"应作"智"解。"言"指政教号令。

②信言：真话。美言：华巧之言。

都说言说意味着存在,能不说吗? 但老子似乎是教人不说的,至少是少说。他认为,通常的情形下,知道的人都不说话,爱说话的人根本就不知道。这里的"知"有时候也被人用作智慧讲,这一下,老子的判断就变得更为严厉了:你自以为聪明,见多识广,能言善辩,其实你缺心眼哪!

为什么老子会这样说? 因为他看多了"知者不博,博者不知"的情形(这与黑格尔在《精神现象学》序言中所指出过的"熟知非真知"眉目相似),更深知"善者不辩,辩者不善"的道理。只要稍稍留意一下周围,是不是纯善之人大多不轻言善辩,浮躁之人每多夸夸其谈。说得最多的,往往是那个做得最少的,其情形一如自然界的枭鸟唱歌而夜莺屏息。老子明于史,又阅人无数,所以按他逆向型的反推思路,自然不会将巧言每能掩饰恶行与多言必定不能实行,看成是什么离谱的推定。他的话虽说得峻刻,但你得承认,道理在呀。也所以,孟子对人家指他"好辩",避之唯恐不及。

对于为政者,老子更要求他们少说话甚至不说话,即无须多讲那种政教礼乐之言,所谓为政不在多言。"是以圣人处无为之事,行不言之教。"这个意思,他在第二章和第四十三章中连说了两遍。在他看来,这种"不言之教"就是没有瑕疵的"善言"(第二十七章)。既顺天行事,复率先垂范,身教重于言教,能不善吗? 设若不然,整日价把时间耽误在对外宣传或接应媒体上，大言炎炎，夸夸其谈，自以为是成功的推介与营销，旁人看来，不过是一种没羞没臊的自我表彰，这样的行为能有什么收效？所谓"自伐者无功，自矜者不长"（第二十四章），是必然的道理。故老子一方面要求"言善信"，另一方面更要人为政谨慎，"多言数穷，不如守中"（第五章），平时少发政令，"悠兮其贵言，功成事遂，百姓皆谓我自然"（第十七章），岂不更好？

而更重要的是，老子认为为政无须多言，是一种合乎天道的当然的做法。所谓"希言自然"（第二十三章），这就把道理说到至极处了，言下之意，信不信就看每个人自己了。

在西方，四世纪希腊厌世诗人巴拉达思曾说过："人太饶舌，难免一死，故生时且思索那死吧。"上两个世纪，英国人狄斯瑞里说："人生短得不够扯鸡毛蒜皮。"他们的意思，都是让人少说多做，更着意在少说多思。是啊，人生苦短，我们活着不是为了听别人闲扯，而是为了能发现自己，找到自己。而如何发现和找到自己呢？各人都会有自己的办法。但让自己安静下来，最易达成目的，因为它最容易让你拥有从生命的烦琐中挣脱出来的精神自由。显然，对于这种目的来说，言语是无能为力的，闲碎的言语尤其如此。智者一言已足，不是智者更不如沉默。

老子无疑是一个智者，所以他言简意长。可有许多人不明白他的苦心,认为他是一个取消主义者,这再一次证明,少说或者不说的正面意义太多了。对这一点,拉布吕耶尔的《品格论》说得好啊,"沉默是傻瓜的机智"。不过,有机智的傻瓜毕竟不多,比之聪明人嘴在心里,愚蠢人常常是心在嘴边,还弄出很大的声响,结果只能是自暴其短。对此,西人的说法是——"溪浅水声喧"(Shallow streams make most din),这和老子的"大音希声"是不是可以互相发明?

译文:

有智慧的人不多言说,多言说的不是智者。

真实的言语不华美,华美的言语不真实。
有学问的人不博杂,博杂的人没学问。
良善之人不巧辩,巧辩之人不良善。

祸福相依

祸兮,福之所倚;福兮,祸之所伏①。孰知其极②?

(第五十八章)

注释:

①伏:隐伏。

②极:终也,尽也。此指究竟。

译文:

祸啊,福就倚傍在它里面;福啊,祸就隐伏在它当中。谁知道它们的究竟?

道家哲学如果说有什么地方较之儒家更有胜意,更让人着迷,就在它有深刻而精湛的辩证思想。在这方面,老子是一个很好的典范。他天才地预见到矛盾的对立与统一,体认到天下万物没有"有"就没有"无",没有"难"就没有"易",如此相反相成,相互转化,"美"就可以易为"恶","善"就可以易为"不善",因为每件事物中,都命定似的包含着否定其自身属性的因素。"福"和"祸"当然也是如此。

　　可中国人自来就有些迷信,又有一些相信天命,经常容易把这两者看成截然对立的东西,说什么"是福不是祸,是祸躲不过"。如果说用"对立"一词有点严重,那至少也是把两者看作相互对待的东西。反正,你很难将这两者往一块儿赶。剩下的就看谁有本事早日去祸纳福了。一切的祸都应该驱除,天灵灵,地灵灵,求天保佑,就想着要达成这个愿望。与此相对应,一切的福都想接进家来,用炮仗,用高香,凡能用的都用上。清福固然好,全福更加妙,如果盼不到这两福,那庸福也是可以的。说:有这么一位,哪里都没去,哪里也没人等着他去,他正缺朋友。但遇一会说话的,招呼道:您在家纳福哪!这在家纳福可能是清福,但大多就是庸福。

　　老子的辩证思维足以让这样的传统想法变得浅陋无比,他让人在去祸接福的时候,变得不那么急躁,甚至不那么功利了。他说:你迎进门的那桩好事,可能很快就会给你带来灾难;而你自以为倒了邪霉的那件坏事,马上就会给你带来吉祥。你开始自是不信的,可后来事情的发展经常由不得你不信。生活就是这样的令人着迷,看似无法控驭,其实冥冥中有主,对立的因子早已宿命地埋藏在一切物事中了。

韩非子精通老学,尝作《解老》篇,对老子的这个思想作了十分具体的发挥。他是法家,喜欢言语简刻,发挥题义,无所剩意。他说:"人有祸,则心畏恐;心畏恐,则行端直;行端直,则思虑熟;思虑熟,则得事理。行端直,则无祸害;无祸害,则尽天年。得事理,则必成功;尽天年,则全而寿;必成功,则富与贵。全寿富贵之谓福。而福本于有祸。故曰:'祸兮,福之所倚。'以其成功也。人有福,则富贵至;富贵至,则衣食美;衣食美,则骄心生;骄心生,则行邪僻而动弃理;行邪僻,则身死夭;动弃理,则无成功。夫内有死夭之难而外无成功之名者,大祸也。而祸本生于有福。故曰:'福兮,祸之所伏。'"听完了这席话,你还有补充吗?应该不会再有吧。

如果硬要再作补充的话,那就是用今天的眼光,我们能发现,这种思想之于培养人强烈的忧患意识和坚韧耐久的性格,或许不无好处。那种不以承平日久而马放南山,不以万贯家产而降志任诞,每遇挫折能思进取,每得成功能自告诫,都是让人清醒的做法。当然,从另一方面看,有时候,它也使一种好常恶变的惰性找到了可以心安理得地搪塞的理由。你看,他虽然正享着福,但可能即将遭遇不测,所谓"现在笑嘻嘻,过会儿就好看"。所以,一切革命性的变革都是冒进或者躁进,我们且等待它另一面的呈现,再看他如何自然垮台因福得祸,还有我如何时来运转无祸有福吧。

　　盘点我们的传统,不得不承认,许多好东西就是这样被懒人糟践了!

厨师的哲学

治大国,若烹小鲜①。

(第六十章)

注释:

①小鲜:小鱼。

译文:

治理大国,好像烹制小鱼。

善于言说之人，随所身触，无往而非说理之具。可能因为三代多厨师，如夏朝第六代君子少康就做过庖正，也就是厨师长，商朝的宰相伊尹也是厨师出身，所以，这回老子就借着做菜跟人说事儿。

他说：为政者当清净无为，以道治天下，这样不但鬼神起不了作用，神祇也不敢来侵越，人民就会坦承厚德的归汇，过上自在安和的生活。那么，为政者如何能做到这一点呢？他给出的建议就是要清净，不要折腾，折腾扰民，会使人遭殃。其间的道理与厨师煎小猫鱼是一样的。小猫鱼骨脆肉薄，稍多翻动，就有骨肉分离身首异处之虞，所以得特别小心。

或以为，老子毕竟没有做过厨师，这一回是比喻失准了。如果说治小国如烹小鱼才差不多，"治大国"应该没这么严重吧？其实，老子饱读史书，阅尽人事，哪里是胡乱一说的？大国者，兵车千乘，带甲百万。正因为国家大了，家底厚了，往往会激起这个国家当政者的雄心和野心，或基于创业奠基的自负，或因为发扬恢张的雄图，有时也为了举天下以自奉，轻兆民而逞欲，他们往往内修政治，外结诸侯，等而下之，内兴冤狱，外肆杀伐，朝三暮四，朝令夕改，既用以察臣子的忠心，复借以张人主之威权。由于国力充足，本钱富厚，这种折腾有时如季节性发作，很难有停歇的时候，对人民所造成的危害可以说是既重且深。所以，这个告诫对治理大国者显得尤其切要。

一部二十四史，秦汉以下，一直到元明清，雄才大略的君主从不缺少，外行仁义而内实多欲的亦有很多，他们急啊，要做事啊，要对得起先人，还要对得起后世啊，这样想着，一百年以前管了，千秋万代以后也管了，独独忘记要管眼前的生民，万兆的百姓。以承袭祖统也好，甚至以改革之名也好，他们有许多的改弦更张，变立新法。但由于没能触及问题的实质，从根本上兴利除弊，更主要的是从不触及皇权自身和制度本身，常常非但没能减少积年的旧弊，反而无端地新增人民的负担。

　　更不要说有的更张仅属于个人一时的心血来潮。本来，你有创意，就在后宫跟妃子们过过口瘾也就算了，或许因为时间长了，神秘感退去，她们不再仰视你，乃至于近则不逊起来，当此际，对她们吹几句大牛，或可以换回些崇拜与尊敬来也未可知，但拿到朝堂上去讨论，就太难为一众臣工了，说好不甘，说不好没胆，真是"妾身千万难"。再拿到国中去施行，那就更是荒唐了，百姓照着做要吃苦，不照着做要遭殃。如此，勤政转成虐政，不要说吃鱼了，连骨头也甭想指望。

　　由此想到今人讲政策制定之初须多方论证，反复考量。既正式颁行，又须严格遵守，以示权威。或情况有变，积久生弊，更改固然很有必要，但也应徐徐推行，在包容沿承其合理一面的同时，有所改良，使臻完善。读了老子，你可以感觉到，这样的行政理论真的可以说是渊源有自。这种为老子所推崇的成熟的政治,其实也最接近于人们期待的民主政治。

犹忆二十世纪八十年代,美国总统在国情咨文中就引用老子此言,再想及该年有《老子》第一百零三种英译本出版,版税高达十三万美元,多少可表明老子的价值已广为人知。对照之下,我们或有一些惭愧。穿过历史的雾霭,感觉到吗,老子的双眼安详地微阖着,闪动着清澈而睿智的光芒。

怎样做大国

故大邦以下小邦①，则取小邦②；小邦以下大邦，则取大邦。故或下以取，或下而取。大邦不过欲兼畜人③，小邦不过欲入事人④。夫两者各得所欲，大者宜为下。

（第六十一章）

注释：

①邦：今本作"国"，此据帛书甲本改。下：谦下。

②取：通"聚"。

③兼畜：兼并蓄养。

④入事：进前事奉。

春秋时期，王室衰微，列国纷争，其激烈的程度见诸文字，不敏感的人不容易察觉。如果借助专家出色的工作和考古的实物，让人回到历史的现场，那用"惊心动魄"四个字来形容是一点都不为过的。

在这样一个没有"共主"的时代，国家多（周初有国一千八百多，至此尚存一百四十多），国与国之间的交往与纷争跟着也多，一旦谈不拢，难免打将起来。其时，大国如何进取，小国如何图存，就成为人们倍加关注的问题。《左传·襄公二十七年》曾记载子罕的观点，他认为"凡诸侯小国，晋楚所以兵威之，畏而后上下慈和，慈和而后能安靖其国家，以事大国，所以存也。无威则骄，骄则乱生，乱生必灭，所以亡"。他的意思是，小国每每犯浑，需要像晋楚这样的大国临之以威，才能怀畏安服，祸乱不生。这话虽说不算离谱，但怎么听，都有一点势利的味道。

相比之下，孟子的德性就高出许多，他在回答齐宣王"交邻国有道乎"的问题时，明确指出："惟仁者为能以大事小，是故汤事葛，文王事昆夷；惟智者为能以小事大，故太王事獯鬻（xūn yù），勾践事吴。以大事小者，乐天者也；以小事大者，畏天者也。乐天者保天下，畏天者保其国。"（《孟子·梁惠王下》）也就是说，为政者当行仁政，无取霸术，大国小国虽各自头上一片天，但正所谓抬头有神明，这神灵之天无远弗届，大国尤其应该体此意而行仁义。故以大事小是高姿态，是乐天而能保天下；而以小事大则是知敬畏，是畏天而能存其国。孟子的目的是要大小国家相安于仁义之下，故言语之中，就没有趋炎附势之嫌。

老子的立场与两家都有不同，他认为大小国家在交往过程中都能做到一个"下"字最是重要，"下"就是谦下，其中大国尤其应该如此。说这话的时候，他择取的角度不是道德主义的，而是从现实政治出发。在同一章中，他说："大邦者下流，天下之牝，天下之交也。牝常以静胜牡，以静为下。"即大国要像江河的下流，或者天下一切雌伏的母门，那是万物交汇的地方。雌柔常以静定而胜过雄强，就是因为它能处下。他说得很清楚，就是为了保持你的大国地位，你也应该善待小国，以便使它诚心归服。当然，小国要在列强环伺中求生存，更应该守柔雌伏，不妄行挑衅了。这话说得实在是近情而不迂阔的。

也所以,《老子》一书或被人视为兵书,被道教徒奉为真经,但最愿意看的,终究还是帝王,以及那些想以一身才学货与帝王的文人。

译文:

　　所以大国对小国谦下,可以笼聚小国;小国对大国谦下,可以见容于大国。所以有时谦下以笼聚,有时谦下而被容。大国不过要聚养小国,小国不过要求容于大国。这样大国小国都可以达成所愿。大国尤其应该谦下。

奈何功败总垂成

民之从事,常于几成而败之①。慎终如始,则无败事。

(第六十四章)

注释:

①几:近。此句帛书乙本作"民之从事也,恒于其成而败之"。"其""几"古通。

译文:

人们做事情,经常是在快成功的时候失败的。对事情的完成能像对开始一样谨慎,就不会有做坏的事了。

一个人做事应当善始善终，这是连小孩子都知道的道理。医学证明，相对于古代社会，今天科学的进步虽不可谓不神速，但人的脑容量和智力水平与古时候并没有太大的不同。故以今例古，老子时代的孩子应当都能明白这个道理。类似"慎始而敬终，终以不困"几乎成为当时大众频用的熟语，就是证明。

但为什么惜语如金的老子还要在劝世箴言中阑入这样的常识呢？说来原因并不复杂，是因为对一部分成人而言，不缺丰屋，不缺厚味，不缺美服，也不缺姣色，缺的恰恰就是常识。他们急需要这个。

比如，那些有为的圣君，常好有所执持，或执持名，或执持利，根本就不知道"为者败之，执者失之"和"无为故无败，无执故无失"的道理。由于太想做事，不免有失权衡，不能静观。有时，急于求成，性急喝热粥，不知道罗马不是一日建成的，长城也不是一天垒好的，不知道树起幼苗，台起垒土，千里之行，起于足下，结果顾此失彼，进退狼狈,事情萌起以前不能从容擘画,祸乱发生以后才想到应对之策。在老子看来,这些都算不得成熟的做法,当然也算不得成熟的政治。

有些人稍好一些,能够善始,但常不能善终,正所谓"行百里而半九十",把那辛辛苦苦奠定的基础毁于一旦。春秋战国时代,诸侯起灭,快如风火,有些存亡故事几乎不要一炷香的时间就可以讲完,什么"五世而斩",哪里这么容易等到。究其原因,就在于善始而无终。眼看着告成祖宗的大功将建,眼看着勒石燕然的美名永垂,此时的当事人最易犯昏。其情形有点像一个人还没吃上安生饭,就开始回忆起过去的苦和难,这样的人不败才叫见鬼。

老子看多了这样的人、这样的事,所以他殷殷劝诫那些"圣人",警惕啊,你们。最容易成功的是你们,最容易失败的也是你们;最容易有绝大成功的是你们,最容易有惨烈失败的也是你们。至于百姓,养一窝小猪,头起使劲长膘,后来疏于照顾,竟没几头出栏,怎么说都是容易想开的事。

今天,我们仍然能看到这种事情,听人自嘲地感叹"大好河山,葬于匪手"。怎么办呢?有些人就是这样,智商很高,情商也不低,看起来人模人样,做起事来猪头猪脑。读了老子,他们能否体悟到,有了好的开头而不能坚持下去,真的连猪都对不起。

吉祥三宝

我有三宝①,持而保之。一曰慈,二曰俭②,三曰不敢为天下先。

慈故能勇;俭故能广③;不敢为天下先,故能成器长④。

今舍慈且勇⑤,舍俭且广,舍后且先,死矣!

夫慈,以战则胜⑥,以守则固。天将救之,以慈卫之。

（第六十七章）

《老子》全篇论及"我"的地方很少，或许对自己所强调的东西有特别高度的认同和自是，本篇他直白地谈论起"我"来。说"我"有三件宝贝，一直以来十分珍视并长想葆有：一个是"慈"，一个是"俭"，还有一个是"不敢为天下先"。

古人上爱下谓之"慈"，亲爱利子谓之"慈"。以后泛指爱惜与仁爱，如《韩非子·解老》所谓"慈于子者不敢绝衣食，慈于身者不敢离法度，慈于方圆者不敢舍规矩"。在这些方面君子做得最好，故《庄子·天下》称"薰然慈仁，谓之君子"。在古人看来，上古三代，尧舜之化，不过有慈仁之德而已。老子自己也在此意义上两次说及"慈"，如称"六亲不和有孝慈"（第十八章），"绝伪弃诈，民复孝慈"（第十九章）。但他的眼光是独特而精辟的，他所讲的"慈"非仅为一味的慈仁，还是一种慈勇，甚至他认为，你只有慈，才能够勇。我们反本致思，只要想一想天底下母亲为卫护自己孩子所表现出的无畏气概，就可以知道，一个人心中有一份深爱多怜,会变得多么无畏与勇敢。用此以战,必胜;以守,必固。人人都知道,上天有好生之德,老子说,天若要救人水火,就会用此慈仁。

其次是"俭"。有用而不尽用是为"俭"。对此,《韩非子·解老》解说得也很明确:"智士俭用其财则家富,圣人宝爱其神则精盛,人君重战其卒则民众,民众则国广。"联系那个时代为上者每多穷奢极欲,俭德就非常罕有。老子以为倘能"俭",就一定能拓广大,致广厚。舍弃了俭德,想致广厚,门都没有。不过,遗憾的是,历史上能照他做的没有几个,除非条件不具备,绝大部分,该怎么花都怎么花了,有的还扯出了为天下兴利的旗帜。今天,经济发展,物质昌明,一些人就更是如此了。可从世界范围来看,"经济"一词本就包含节俭的意思。我们有些人不知世界的潮流也就算了,连祖宗的教导也不知,真是气死老子了。

最后是"不敢为天下先",其实是谈处后的道理。老子素来重视此道,推崇"后其身而身先"(第七章),主张"欲先民必以身后之"(第六十六章)。此处"不敢为天下先",就是要人谦下处后,先做群众的学生,再做群众的先生。他并认为,唯有先做学生,虚己容众,虚心服善,才能做定群众的先生,"成器长"。从这个意义上说,他的志向和目标都够远大。或以为,中国人遇事畏缩退后,既不重首创精神,又缺乏竞争意识,其中可以见出此说的负面影响。且不说中国人是否真的不愿出头，自甘人后，真的不善争，不能闯，说这话的，是没见过世面，至少没见过地铁站里争着占位的小姑娘。我们这里仅就事论事，把缺乏竞争意识的罪名归诸老子，显然是误解了老子。

宋代，范仲淹在所作《老子犹龙赋》中这样称赞老子："孰可伺珠，长存慈俭之宝；全疑在沼，不离清净之源。"现如今，人人都有自己的看家本领，也藏得几件宝贝。见识了以上三宝，不知是否还拿得出手。

译文：

我有三件宝贝，执持着葆全着。第一叫慈爱，第二叫俭啬，第三叫不敢居于天下人之前。

慈爱所以能勇武；俭啬所以能厚广；不敢居于天下人之前，所以能成为万物的首长。

现在舍弃慈爱而勇武，舍弃俭啬而厚广，舍弃退让而争先，是走向死路！

慈爱，用来战能胜，用来守能固。天要救助谁，就用慈爱来卫护他。

古来圣贤皆寂寞

吾言甚易知，甚易行。天下莫能知，莫能行。

言有宗①，事有君②。夫唯无知，是以不我知。

知我者希，则我者贵③。是以圣人被褐怀玉④。

（第七十章）

注释：

①宗：宗旨、主旨。

②君：主宰、根据。

③则：法则，此处用作动词，作取法讲。贵：难得。帛书甲乙本、北大本作"则我贵矣"。

④褐：粗布。帛书甲乙本"被褐"下有"而"字。

这回老子说的"我"直接就指他自己。他说：我的话很容易懂，也很容易照着做，但天下没有人能懂，更没有人照着做。我的话主旨明白，我的行事也有依据，但人们对大道无知，所以也就不能了解我。

想想也是，别人讲要进取，你偏讲要退后；别人讲要雄起，你偏讲要雌伏；别人讲要夸夸其谈，表现自我，你偏讲要默然自守，大音希声。你的所作所为不让人迷惑甚至厌弃才怪！自然，你的道理都是对的，但你有问题你知道吗？什么问题？你太超前了，你走得太远啦，你以你自己的超前远举，将人们的平庸、委琐、苟合与将就，凡是平日里可以用自然的生存样态拿到大街上晒的特点，一下子都亮到了聚光灯下。这也算了。你还要用自己精辟的剖析，让人看到上面的千疮百孔，辨认哪些属于自己之已有，哪些又属于自己之将有。你揭开了大人物的华丽新衣，也洞穿了小人物的灰色人生。你太高调了吧？是的，我们没法让你与我们步调一致，扎堆过日子，但我们可以选择不喜欢你！

老子一定是饱受了这样的待遇，南人的细腻，让他感觉得到周遭的气氛，所以他会说"知我者希，则我者贵"这样的话。前一句很容易理解。对后一句，人们的解说有不同。有说此处"则"作动词解，指"取法"的意思，说的是道系天下最贵重的东西，所以知之者少，能法而行之者很是了不起；也有说作连词解,指"于是"的意思,说的是唯其真知吾道为贵者既稀且少,于是吾之道反而显得更加贵重;还有人将其解为"贼",说的是知我者稀少难觅也就罢了,还有人危害我,并且这些危害我的人现如今都占据着上位,所以我只能困顿在社会的底层,披着粗麻短衣,怀才难遇。

或许,应该将"圣人被褐怀玉"视为知识人的千古一叹。当然,老子以后,知识人的地位有了很大的提高,不仅居"四民"之首,还可以论辩一下王与士孰贵的问题。齐宣王时,那个颜斶(chù)就做过这样的事情。其实,以实际的政治生态而言,颜呆子走得有些远了,但后世读史有得,是应该考虑:对大众而言,能不能别再视德性特异的人为怪物?对处上者而言,能不能别再让他们只富有精神而穷愁其身。他们应该是很体面地在一切教室、讲坛和广场,以一种自信和自然的心态,对人说教与发言的。

不过,此事诚如《尚书·说命中》所说,"非知之艰,行之惟艰"。

译文：

    我的思想很容易了解，很容易实行。但天下人却不能明白，不能实行。

    持论有宗旨，行事有根据。正由于于道无知，所以不能懂我。

    懂我的人越少，取法我的就越难得。所以有道之人通常身披粗衣而内怀美玉。

勇于敢和勇于不敢

勇于敢则杀①,勇于不敢则活②。

(第七十三章)

注释:

　①敢:此处指横强。

　②不敢:此处指柔弱。

译文:

　勇于横强就会死,勇于柔弱就能活。

老子有许多话，乍一看都让人犯糊涂，譬如对“勇敢”一词的辨析就是如此。勇敢者好冲冒风险，容易危及生命，故勇士多死于战场而难得善终，是谓受“害”；不勇敢者凡事畏避退缩，故每能全身远祸而易享期颐，是谓获“利”。这个意思我们懂。

我们所不懂的是，当山崩海立，大敌当前，要人做到面不改色的确难，故人能“勇于敢”就很值得夸奖；但遇事畏避，处世退缩，或苟全性命于乱世，更安享庸福于承平，躲在家里三饱一倒，这有何难，也需扰动“勇敢”这样气概的好词，说什么“勇于不敢”？

其实，老子显然不是说居家过太平日子是勇敢，他无意于在这样浅薄的层面上展开这个话题。他想得更多，看得也更深。在老子的时代，社会急剧转型带来的结构性变动，深刻地影响了每一个人。许多野心勃勃的霸主急于登台建功，许多无田可食的士人急于重获饭碗，所以不免人人怀自利之心，把社会风气弄得污七八糟，史称“上不明，下不正，制度不立，纲纪废弛”，“君子犯礼，小人犯法”（荀悦《汉纪》）。因为这样的原因，尊礼重信、祭祀聘享没多少人讲了，宗姓氏族、赴告策书也没几个人提了，尽管这些原本都是国之大事。这说明什么？说明大利在前，许多人已没了顾忌。心中有了利益，头上便很容易没了神明。为了实现个人利益的最大化，有什么事是这些人不敢干的？所以在那个时候，"勇敢"不再稀缺，知道敬畏有所不敢的反倒很是难得。特别是，在别人为争权夺利而"勇于敢"的时候，他能"勇于不敢"干这些事，就由不得你不佩服。

老子正是在这个意义上肯定"勇于不敢"的。他称"勇于不敢则活"，不是指苟活，而正是说这样的人不赶热场，别有怀抱，凡事谦下，甘居人后，在你们争名夺利的时候，他心存畏避，有所不为，从而保证了自己在生活中的宽于应付，在精神上的裕于回旋，从而使自己的"活"显现出一种"生活在别处"的存在的诗意。在第七十六章中，他说"坚强者死之徒，柔弱者生之徒"，在前已论及的第六十七章中又说"不敢为天下先"，其实都是这个意思。

联想到《墨经》上说："勇，志之所以敢也。以其敢于是也命之。不以其不敢于彼也害之。"如果这个判断是正确的话，那么，我们也可以说，那"勇于不敢"争名夺利的人，固然是此道中的不敢者，但未尝不是别一道的勇敢者。老子哲学引人兴味的地方就在这里。说"勇于敢"具有正面的意义人所共知，说"勇于不敢"更具价值并让人深感折服，是老子的创见。仅从这一点，似已可体会，相对于孔孟为代表的儒家学说，老庄为代表的道家学说是更有究问意识和批评精神，因此也更接近于哲学的。

别吓唬百姓

民不畏死,奈何以死惧之①?

(第七十四章)

民之轻死②,以其上求生之厚③,是以轻死。

(第七十五章)

注释:

①奈何:为何。

②轻死:不畏死,也可解为不惜死,如轻生自尽等等。

③厚:丰厚,此处指自我奉养过于丰侈。参见第五十章"人之生,动之于死地,亦十有三。夫何故?以其生生之厚"。

中国自来发达的是官本位和草民思想。在这一片昏浊晦昧中，民本思想尤其闪烁着人道主义的辉芒。先秦诸子中，有许多人论及此意，表达对百姓诚意的关怀。其中要数老子的说法尤其沉痛，也尤其有力度。并且，唯其沉痛，才见力度，唯有力度，尤见沉痛。

在上列第七十四章引文的后面，他紧接着说："若使民常畏死，而为奇者，吾得执而杀之，孰敢？"也就是说，人民若有畏死之心，则遇到犯法为乱的，可以将他抓来杀了，看谁还敢作乱？现在他们已经穷苦到了极点，没有什么可失去了，没有什么可怕的了，包括死，为政者为什么还要用死来威胁恐吓他们呢？设问峻刻之极，直指在上者严刑酷法深文罗织之重，复显见其虚怯无奈丧心病狂之甚。

春秋战国时代，一方面王命不行，列国内乱，诸侯兼并，正如司马迁《史记·太史公自序》所说，"弑君三十六，亡国五十二，诸侯奔走不得保其社稷者不可胜数"。另一方面，统治者以威权凌驾于百姓之上，一味放任私欲，无所忌惮。《左传·昭公二十年》所载齐景公"布常无艺，征敛无度，宫室日更，淫乐不违。内宠之妾，肆夺于市；外宠之臣，僭令于鄙。私欲养求，不给则应。民人苦病，夫妇皆诅"，是一显例。由此造成整个社会严重地两极分化，富者良田无数，贫者无处立足。故老子说："民之饥，以其上食税之多，是以饥。民之难治，以其上之有为，是以难治。民之轻死，以其上求生之厚，是以轻死。"
人民所以饥饿，是因统治者吞没税赋太多。人民所以难治，是
因统治者太爱妄兴事端。人民所以轻死，是因为统治者求生
太过。

其时，为了防止人民的反抗并维护自身的利益，各国统治
者都曾制定一系列的法律，诸如"刑书""刑鼎"和《法经》等成
文法的颁布，很大程度上剥夺了人们应有的权利，以至于奴隶
和底层人民不堪其辱，或集体逃亡，或起事反抗的在在多有，
有关"盗"患的记录因此也斑斑在史。老子曾为周王室的守
藏史，管理着王朝的档案，对上古社会的祥和与眼下社会正发
生着的变化自然了如指掌，所以发为疑问，直指要害。

不仅如此，他还清醒地指出："民不畏威，则大威至。"（第
七十二章）也就是说，当人民不再惧怕统治者的威权，则更大的
祸乱就要出现了，这可以说是一个极具针对性的警告。其时
有盗跖，据《庄子·盗跖》记载，就率众起事造反，"从卒九千
人，横行天下，侵暴诸侯穴室枢户，驱人牛马，取人妇女……所
过之邑，大国守城，小国入保，万民苦之"，不就是这样的祸
乱吗？

那会儿，因与其兄柳下季为友，孔子曾去见过盗跖，有意
规劝其从正，故先是夸他一表人才，再叫他罢兵休卒。盗跖听
了大怒，直斥孔子"愚陋恒民"，你当我二傻子哪。他很镇定

地说出自己的道理：人之常情是"目欲视色，耳欲听声，口欲察味，志气欲盈。人上寿百岁，中寿八十，下寿六十……不能说其志意，养其寿命者，皆非通道者也"。意思是说，人活一世，都想满足自己的欲求，除口腹、声色和长寿之外，还有得伸意气、得舒怀抱的精神追求。如果不承认这一点，就不是明于道理的通达之士。可见，生民也有生民的欲望，你过分践踏他们的欲望，不激起民变才怪。

不过，从实际的情况看，留心这句话的统治者不多。不是听不懂，是听不进去。

译文：

人民不畏死亡，为什么还用死亡来恐吓他们？

人民所以轻死，是因为统治者求生太过，因此轻于犯死。

别吓唬百姓　185

人道哪有天道好

天之道，其犹张弓与？高者抑之，下者举之；有余者损之，不足者补之。

天之道，损有余而补不足。人之道①，则不然，损不足以奉有余②。

（第七十七章）

注释：

①人之道：指社会的一般律则。

②奉：给予。

人道主义是舶来的东西，它讲究无等差地对每一个个体给予尊重，结果人都被搞得很难伺候，太懂得维护自我的权利。这自然是一部分东方人粗陋的看法。因为事实是，那些懂得维护自我权利的人，也同时最懂得维护别人的权利。西哲斯宾塞就说过："没有人能完全自由，除非所有人完全自由；没有人能完全道德，除非所有人完全道德；没有人能完全快乐，除非所有人完全快乐。"因为尊重了别人，你才有可能被充分尊重。这是一个很切要的道理。

但在老子的时代，没有这样的人道主义，什么无等差地尊重一切人，听来可不像梦呓一样。那么，那个时候的"人之道"，也就是人们所遵行的社会一般准则是什么呢？老子没作长篇大论的讲论，也可能他习惯于要言不烦，也可能对着这个昏昧的世道，他直想着背过脸去而无心言他。是啊，都已经是这样的贫富悬殊，都已经是这样的公道不彰，还能多说什么呢？若硬是要说，有些人太要做事了，做得一点事又太要居功了，居那一点功时太自炫聪明、自以为是了。其实这些人都没有在行人道。如果非说他们行的就是人道，那人道哪有天道好。

谓予不信，请以张弓作譬：弓没张开时，两个弓梢之间的距离比弓背到弓弦之间的距离要大好多。待其张开，上梢自然降低，下梢随之抬起，弓的长度变小了，宽度则增加了，其情形像是用前此长度的有余,来弥补原先宽度的不足。天之道就是这样,减少那有余的,弥补那不够的。人之道则反是,剥夺不足,奉给有余。说这些时,老子又一次有些激愤。

要说明的是,其实在舶来人道主义的西方,也并非全然是人道无缺的,相反,问题也很多。只要读读《新约》之四福音书,想想"凡有者必固与之,凡无者即若有之亦必取之"的"马太效应"就知道了,四海一轨,实在是寰球同此凉热啊。

不过,尽管如此,老子仍不是一个超道德主义者,他没有要求人以仅有的不足来奉给天下,而自己背着人去喝西北风。他说:谁能把自己有余的部分拿出来供给天下,就是有道之人了,并认为只有有道之人才会这样做。这实际上是很清醒而现实的判断。从这个意义上说,老子其实是一个低度的理想主义者。

译文：

自然的规律，岂不就像开弓一样？弓梢高了就把它压低，低了就把它抬高；拉长的让它减少，缩小的让它增长。

自然的规律，减少有余用来补充不足。人世的法则，就不这样，剥夺不足用来供奉有余。

理想国

小国寡民。使有什伯人之器而不用①，使民重死而不远徙②。虽有舟舆，无所乘之；虽有甲兵，无所陈之。使民复结绳而用之③。

甘其食，美其服，安其居，乐其俗。邻国相望，鸡犬之声相闻，民至老死，不相往来。

（第八十章）

注释：

①什伯人之器：指相当于十倍百倍人工之器。此句王弼本及诸本均作"什伯之器"，严遵本、河上公本作"什伯人之器"，帛书甲乙本同，故从。"什"，十倍；"伯"，百倍。

②不远徙：帛书本作"远徙"。意作远避解，与今本意可通，故不改。

③民：王弼本作"人"，帛书乙本、傅奕本、景龙本、河上公本及其他古本均作"民"。

在人类的文明发展史上，但凡一个时代比较昏暗压抑，或比较缺乏理性与温情，都会激发出人们对理想国度的向往。小国寡民就是老子基于当时社会的现状，为人设计出的一个理想国度。

作为应对有问题的现实而构想出的乌托邦，老子几乎在其中投入了自己全部的热情，因此，在他诗意的描绘中，我们读得出他那些非常有个人特点的道德内涵。譬如没有兵祸的逼迫，因为他基本反战；没有苛严的刑法，因为他主张无为；没有骄狂的君长，因为他反对人主的多欲；没有诈伪的百姓，因为他反智、谦下和不争。乃至安土重迁、乐生重死的诉求，在这章短短的文字中都能找到。所以说，这种对理想国的描绘，可以帮助我们更真切地了解老子思想的精华，乃至成为熟悉这种思想的精神地图，很是恰当。

或以为，老子试图把人劝回到原始社会中去，其实，已有许多研究者指出，那是对老子意思的误解。很难统计这是第几次被误解了。确实，只消看看这个理想国中有"舟舆"有"甲兵"，人们能够"甘其食""美其服"，而不是食刚果腹，衣才蔽体，就可以知道它与原始社会并无关系。老子是个明于史的文化人，最知道浩浩汤汤的时代潮流，它流向哪里？是往回流吗？老子知道显然不是。

在他的理想设计中，需要有甲兵，包括由甲兵所代表的国家机器,他只不过说,当一个国家上下和睦的时候,它们基本上就派不上什么用场了。至于文字也是如此,他并不是要取消文字,而是因为国家平安无事,人们心中安和无事,要做的都是简单之至的事情,要说的也都是人人明白的话,所以不需要繁复的文字,包括"多言"和"美言"。当然,花心思分疏它究竟是可信的美言还是弄巧的美言的时间也可以省去。为了教人这种分疏,他实在感到自己已说得太多,所以回复到结绳记事,恐怕是他一种浪漫化的表达吧。

中国古代社会,早先基本上是一种原始协作型的农业自然经济,以后发展为小农业和家庭手工业相结合的地主经济。由于历史上氏族社会的解体很不充分,整个社会宗法意识大量留存,家族制度非常发达。加之当时采用的是劳动力与土地自然结合的生产方式,由此建立起的社会,必定是一种与外部联系松散甚至隔绝的区域型小社会。这种小社会在展开实际的生产时,原材料和生产过程的距离非常有限甚至常常合一,产品与消费过程的距离也非常有限甚至合一,使得人被牢牢地束缚在土地上。所以在老子推称其为"至治之极"的时候,我们对此应有一个正确的解读,那就是它不应该是老子真想要实现的一个实有的社会或国家——与其说那是一个实有的社会或国度,不如说那是他向往的一种理想的境界。《老子》五千言,通篇都可见到这样的境界。

这样的境界，在古代是被人用"桃花源"的主题演绎方式继续下去的，但正如王维《桃源行》所咏叹的："峡里谁知有人事，世中遥望空云山。不疑灵境难闻见，尘心未尽思乡县。"哪里是人可以安处的家园？哪里有人可以诗意地栖居？不在桃源，而在人间。

译文：

国小民稀。即使有十倍百倍人工的器械却不使用，使人民敬畏死亡而不远迁。虽有船只车辆，没必要乘坐；虽有铠甲兵革，没机会去施展。使人民回复到结绳记事的生活。

以所吃的食物为美味，所穿的衣服为美服，所住的地方为安居，所处的习俗为良俗。邻国之间互相看得见，鸡鸣狗吠彼此听得着，但人到老死，都互不往来。

施者乐于受者

圣人不积①,既以为人己愈有,既以与人己愈多。

(第八十一章)

注释:

①积:累积、积藏。不积,指虚而不藏。

译文:

圣人不好藏私,施于别人自己反而更有,给予别人自己反而更多。

乐善好施的美德存在于东西方许多民族的文化中，更存在于不同肤色的人们的心底。人们为什么乐于做这样的事情？是为了表示对一种德行与崇高的服膺吗？是为了看到别人这么做，因此自己也做，并由此期待与别人一样获得社会的尊敬吗？都不是，至少不全是。道德在其最极致处是不排斥自己的，相反，它在成人的同时也成己，成人的目的正为了成己。老子的上述说法就是一个很好的例子。

　　当然，他主要是针对在上者说的，他要统治者"不积"，是希望他们能做到"为而不争"，即施惠于天下而不与天下争利。倘若圣人也可以谈"积"的话，那也应该是"积德"，所谓"早服谓之重积德，重积德则无不克，无不克则莫知其极"（第五十九章）。至于穷人，连自己的肚子都填不饱，他是不提这种要求的。

　　由此很自然地想到了现在。现在，富裕起来的中国人也开始讨论富裕后怎样处置财产的问题了。读了老子的教训，或许我们能领会，最应该正视这个问题的不是那些日求三餐的小民，也不是大多数写稿喂肚的书生。或以为，就是工商巨子、财经名流，人家经年打拼、算计经营积攒的钱，除上缴岳父母，以后很有可能都要用来看病，你是不是想让他们率先垂范，全都改姓归公才后快啊？其实，这是一种严重的误解。接受着老子的教训，我们想说的是，上述这些成功人士，最有可能领先一步获得精神的满足和道德的提升。说真的，我们并不羡慕他们的财富，我们羡慕的是，他们居然比我们早一步体尝到了人生施者乐于受者的幸福。这是一种多么难得的幸福啊！

至于因为市场经济发育的不健全，许多财富在其发迹之初都很难摆脱倾夺弱势的原罪，等等，就不是我们考虑的问题了。再说这种现象在全球范围内普遍存在。如果一个成功人士真正做到对社会心存感激并不染铜臭，他会去认真考虑解决之道的。总之，我们不讨厌财富本身。中国人说过，士有恒产，方有恒心；西方人也说过，资产是文明的基础。我们有可能会对财富心生厌恶，仅基于人们对它的处置方式不尽合理。所以，我们的结论是，诚如 R. H. 托尼《贪得无厌的社会》所指出的那样，这个世界上有"大量的赃物转化成了财产"，但有了财产，毕竟也成就了像巴菲特、比尔·盖茨这样的了不起的英雄。在钦佩于他们的慷慨和爱心的同时，我们再一次对他们居然领先于我们体尝到这大好的幸福，表示由衷的羡慕。

回过头来再看看庄子，他也曾说及"不积"的话题。在《庄子·天下》中他说："以本为精，以物为粗，以有积为不足，澹然独与神明居，古之道术有在于是者。""人皆取实，己独取虚，无藏也故有余。"庄子以为，相对于大道精妙，物为粗；相对于无用精妙，有用为粗。贪而储积，心常不足，是为有"实"，取实容易生贪,汩没神明不算,最终恐怕并不一定就能足实。唯有止足之分,以不积为足,则虽无私藏,仍能有余。他真是道家学说很好的发扬者,他以自己的认识,从另一个侧面补充了老子的思想。如果,你一定要说,他的这种表述同样可以为上述散财的洋圣人作一注脚,我虽略觉突兀,但也不能多说什么。

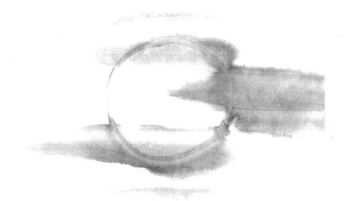

索　引

道常无名、朴。虽小，天下莫能臣。侯王若能守之，万物将自宾。（第三十二章）/100

道常无为而无不为。侯王若能守之，万物将自化。化而欲作，吾将镇之以无名之朴。无名之朴，夫亦将不欲。不欲以静，天下将自正。（第三十七章）/120

道可道，非常道；名可名，非常名。无，名天地之始；有，名万物之母。故常无，欲以观其妙；常有，欲以观其徼。此两者，同出而异名，同谓之玄。玄之又玄，众妙之门。（第一章）/002

多藏必厚亡。（第四十四章）/138

F

夫兵者，不祥之器，物或恶之，故有道者不处。兵者不祥之器，非君子之器，不得已而用之，恬淡为上。胜而不美，而美之者，是乐杀人。夫乐杀人者，则不可得志于天下矣。杀人之众，以悲哀泣之，战胜以丧礼处之。（第三十一章）/112

夫礼者，忠信之薄，而乱之首。（第三十八章）/126

夫唯不争，故天下莫能与之争。（第二十二章）/080

G

古之善为道者，非以明民，将以愚之。民之难治，以其智多。故以智治国，国之贼；不以智治国，国之福。（第六十五章）/056

古之善为士者，微妙玄通，深不可识。夫唯不可识，故强为之容：豫兮若冬涉川；犹兮若畏四邻；俨兮其若客；涣兮其若释；敦兮其若朴；混兮其若浊；旷兮其若谷。孰能浊以静之徐清；孰能安以动之徐生。保此道者，不欲盈。夫唯不盈，故能蔽而新成。（第十五章）/038

故大邦以下小邦，则取小邦；小邦以下大邦，则取大邦。故或下以取，或下而取。大邦不过欲兼畜人，小邦不过欲入事人。夫两者各得所欲，大者宜为下。（第六十一章）/162

故道生之，德畜之；长之育之；亭之毒之；养之覆之。生而不有，为而不恃，长而不宰，是谓玄德。（第五十一章）/002

故飘风不终朝，骤雨不终日。（第二十三章）/084

故物或损之而益，或益之而损。（第四十二章）/134

H

含德之厚，比于赤子。蜂虿虺蛇不螫，攫鸟猛兽不搏。骨弱筋柔而握固。未知牝牡之合而朘作，精之至也。终日号而不嗄，和之至也。（第五十五章）/092

祸兮，福之所倚；福兮，祸之所伏。孰知其极？（第五十八章）/154

J

咎莫大于欲得，祸莫大于不知足。故知足之足，常足矣。

（第四十六章）/120

绝学无忧。（第二十章）/062

绝智弃辩，民利百倍。（第十九章）/056

绝智弃辩，民利百倍；绝伪弃诈，民复孝慈；绝巧弃利，盗贼无有。（第十九章）/072

M

民不畏死，奈何以死惧之？（第七十四章）/182

民之从事，常于几成而败之。慎终如始，则无败事。（第六十四章）/166

民之轻死，以其上求生之厚，是以轻死。（第七十五章）/182

P

朴散则为器，圣人用之，则为官长，故大制不割。（第二十八章）/100

Q

曲则全，枉则直，洼则盈，敝则新，少则得，多则惑。（第二十二章）/076

S

塞其兑，闭其门，终身不勤。开其兑，济其事，终身不救。

（第五十二章）/026

三十辐，共一毂，当其无，有车之用。埏埴以为器，当其无，有器之用。凿户牖以为室，当其无，有室之用。故有之以为利，无之以为用。（第十一章）/030

上德若谷。（第四十一章）/096

上善若水。水善利万物而不争，处众人之所恶，故几于道。居善地，心善渊，与善仁，言善信，政善治，事善能，动善时。夫唯不争，故无尤。（第八章）/016

上士闻道，勤而行之；中士闻道，若存若亡；下士闻道，大笑之。不笑不足以为道。（第四十一章）/130

甚爱必大费。（第四十四章）/034

圣人不积，既以为人己愈有，既以与人己愈多。（第八十一章）/194

是以圣人欲不欲，不贵难得之货。（第六十四章）/138

是以圣人欲不欲，不贵难得之货；学不学，复众人之所过，以辅万物之自然而不敢为。（第六十四章）/062

是以圣人欲上民，必以言下之；欲先民，必以身后之。（第六十六章）/012

是以圣人之治，虚其心，实其腹，弱其志，强其骨。常使民无知无欲。（第三章）/008

是以圣人自知不自见；自爱不自贵。（第七十二章）/116

T

天长地久。天地所以能长且久者,以其不自生,故能长生。是以圣人后其身而身先;外其身而身存。非以其无私邪?故能成其私。(第七章)/012

天门开阖,能为雌乎?(第十章)/026

天下莫柔弱于水,而攻坚强者莫之能胜,以其无以易之。(第七十八章)/016

天下有始,以为天下母。既得其母,以知其子;既知其子,复守其母,没身不殆。(第五十二章)/088

天之道,不争而善胜。(第七十三章)/080

天之道,利而不害;人之道,为而不争。(第八十一章)/080

天之道,其犹张弓与?高者抑之,下者举之;有余者损之,不足者补之。天之道,损有余而补不足。人之道,则不然,损不足以奉有余。(第七十七章)/186

W

为学日益,为道日损。损之又损,以至于无为。(第四十八章)/134

唯之与阿,相去几何?美之与恶,相去若何?人之所畏,不可不畏。荒兮,其未央哉!众人熙熙,如享太牢,如春登台。我独泊兮,其未兆,如婴儿之未孩;儡儡兮,若无所归。众人皆有余,而我独若遗。我愚人之心也哉! 沌沌兮! 俗人昭昭,我独昏昏。俗人察察,我独闷闷。澹兮其若海,飂兮若无止。众人皆有以,而我独顽且鄙。我独异于人,而贵食母。(第二十章)/066

我有三宝,持而保之。一曰慈,二曰俭,三曰不敢为天下先。慈故能勇;俭故能广;不敢为天下先,故能成器长。今舍慈且勇,舍俭且广,舍后且先,死矣! 夫慈,以战则胜,以守则固。天将救之,以慈卫之。(第六十七章)/170

吾言甚易知,甚易行。天下莫能知,莫能行。言有宗,事有君。夫唯无知,是以不我知。知我者希,则我者贵。是以圣人被褐怀玉。(第七十章)/174

五色令人目盲;五音令人耳聋;五味令人口爽;驰骋畋猎,令人心发狂;难得之货,令人行妨。是以圣人为腹不为目,故去彼取此。(第十二章)/008

X

小国寡民。使有什伯人之器而不用,使民重死而不远徙。虽有舟舆,无所乘之;虽有甲兵,无所陈之。使民复结绳而用之。甘其食,美其服,安其居,乐其俗。邻国相望,鸡犬之声相闻,民至老死,不相往来。(第八十章)/190

信不足焉,有不信焉。(第十七章)/048

信言不美,美言不信。知者不博,博者不知。善者不辩,

辩者不善。(第八十一章)/150

Y

以道佐人主者,不以兵强天下。其事好还。(第三十章)/108

以其不争,故天下莫能与之争。(第六十六章)/080

勇于敢则杀,勇于不敢则活。(第七十三章)/178

有物混成,先天地生。寂兮寥兮,独立不改,周行而不殆,可以为天下母。(第二十五章)/088

Z

躁胜寒,静胜热,清净为天下正。(第四十五章)/042

知不知,尚矣;不知知,病也。(第七十一章)/116

知其荣,守其辱,为天下谷。为天下谷,常德乃足,复归于朴。(第二十八章)/096

知人者智,自知者明。胜人者有力,自胜者强。(第三十三章)/116

知者不言,言者不知。(第五十六章)/150

治大国,若烹小鲜。(第六十章)/158

致虚极,守静笃。万物并作,吾以观复。夫物芸芸,各复归其根。归根曰静,静曰复命。复命曰常,知常曰明。不知常,妄作凶。(第十六章)/042

唯之与阿，相去几何？美之与恶，相去若何？人之所畏，不可不畏。荒兮，其未央哉！众人熙熙，如享太牢，如春登台。我独泊兮，其未兆，如婴儿之未孩；儽儽兮，若无所归。众人皆有余，而我独若遗。我愚人之心也哉！沌沌兮！俗人昭昭，我独昏昏。俗人察察，我独闷闷。澹兮其若海，飂兮若无止。众人皆有以，而我独顽且鄙。我独异于人，而贵食母。（第二十章）／066

曲则全，枉则直，洼则盈，敝则新，少则得，多则惑。（第二十二章）／076

夫唯不争，故天下莫能与之争。（第二十二章）／080

故飘风不终朝，骤雨不终日。（第二十三章）／084

有物混成，先天地生。寂兮寥兮，独立不改，周行而不殆，可以为天下母。（第二十五章）／088

常德不离，复归于婴儿。（第二十八章）／092

知其荣，守其辱，为天下谷。为天下谷，常德乃足，复归于朴。（第二十八章）／096

朴散则为器，圣人用之，则为官长，故大制不割。（第二十八章）／100

以道佐人主者，不以兵强天下。其事好还。（第三十章）／108

夫兵者，不祥之器，物或恶之，故有道者不处。兵者不祥之器，非君子之器，不得已而用之，恬淡为上。胜而不美，而美

之者,是乐杀人。夫乐杀人者,则不可得志于天下矣。杀人之众,以悲哀泣之,战胜以丧礼处之。(第三十一章)/112

道常无名、朴。虽小,天下莫能臣。侯王若能守之,万物将自宾。(第三十二章)/100

知人者智,自知者明。胜人者有力,自胜者强。(第三十三章)/116

道常无为而无不为。侯王若能守之,万物将自化。化而欲作,吾将镇之以无名之朴。无名之朴,夫亦将不欲。不欲以静,天下将自正。(第三十七章)/120

夫礼者,忠信之薄,而乱之首。(第三十八章)/126

上德若谷。(第四十一章)/096

上士闻道,勤而行之;中士闻道,若存若亡;下士闻道,大笑之。不笑不足以为道。(第四十一章)/130

故物或损之而益,或益之而损。(第四十二章)/134

甚爱必大费。(第四十四章)/034

多藏必厚亡。(第四十四章)/138

躁胜寒,静胜热,清净为天下正。(第四十五章)/042

咎莫大于欲得,祸莫大于不知足。故知足之足,常足矣。(第四十六章)/120

不出户,知天下;不窥牖,见天道。其出弥远,其知弥少。是以圣人不行而知,不见而明,不为而成。(第四十七章)/144

为学日益,为道日损。损之又损,以至于无为。(第四十八

古之善为道者,非以明民,将以愚之。民之难治,以其智多。故以智治国,国之贼;不以智治国,国之福。(第六十五章)/056

是以圣人欲上民,必以言下之;欲先民,必以身后之。(第六十六章)/012

以其不争,故天下莫能与之争。(第六十六章)/080

我有三宝,持而保之。一曰慈,二曰俭,三曰不敢为天下先。慈故能勇;俭故能广;不敢为天下先,故能成器长。今舍慈且勇,舍俭且广,舍后且先,死矣!夫慈,以战则胜,以守则固。天将救之,以慈卫之。(第六十七章)/170

吾言甚易知,甚易行。天下莫能知,莫能行。言有宗,事有君。夫唯无知,是以不我知。知我者希,则我者贵。是以圣人被褐怀玉。(第七十章)/174

知不知,尚矣;不知知,病也。(第七十一章)/116

是以圣人自知不自见;自爱不自贵。(第七十二章)/116

天之道,不争而善胜。(第七十三章)/080

勇于敢则杀,勇于不敢则活。(第七十三章)/178

民不畏死,奈何以死惧之? (第七十四章)/182

民之轻死,以其上求生之厚,是以轻死。(第七十五章)/182

天之道,其犹张弓与? 高者抑之,下者举之;有余者损之,不足者补之。天之道,损有余而补不足。人之道,则不然,损不足以奉有余。(第七十七章)/186

天下莫柔弱于水,而攻坚强者莫之能胜,以其无以易之。（第七十八章）/016

小国寡民。使有什伯人之器而不用,使民重死而不远徙。虽有舟舆,无所乘之;虽有甲兵,无所陈之。使民复结绳而用之。甘其食,美其服,安其居,乐其俗。邻国相望,鸡犬之声相闻,民至老死,不相往来。（第八十章）/190

天之道,利而不害;人之道,为而不争。（第八十一章）/080

信言不美,美言不信。知者不博,博者不知。善者不辩,辩者不善。（第八十一章）/150

圣人不积,既以为人己愈有,既以与人己愈多。（第八十一章）/194

后　记

　　个人以为，要真读懂《老子》，须从史实考辨、义理辨析和文化阐释三个角度切入。有鉴于以往研究不同程度存在着不重训诂、版本，忽视文本各部分有机联系及其与时代的关联的毛病，不是"以老解老"，而是"以庄解老""以儒解老"甚至"以西学解老"，所以前两个方面的审视就显得特别重要。好在自二十世纪七十年代以来，长沙马王堆三号汉墓帛书本和湖北荆门郭店楚墓竹简本《老子》相继被发现，文献、考古与语言文字领域内，就作者、版本及文字问题的讨论，已基本廓清了《老子》成书的年代及其真伪问题，而通过比较帛书本、竹简本与通行诸本，更准确地理解老子论说的原意也有了信实可靠的基础，这实在是今人读《老子》的大幸。

　　尽管如此，基于其论说的深邃幽眇，要准确把握全部精义仍非易事。一直以来，有说其主张消极无为的，也有认为它意

在救世;有说其尽作权谋术数之谈的,也有认为它最是道教的
渊薮(sǒu)与养生之发端。而后人的注释与诠解更是汗牛
充栋,光王重民《老子考》所收录的敦煌写本、道观碑本、历
代木刻和排印本存目就达四百五十余种,严灵峰《无求备斋
老子集成》初、续两编所收诸家注本也有三百五十四种。此
外《道藏》中另有《老子》注五十余种,确切的数字很难详备。
至于其作者,既有儒释道三教中人,也有帝王将相和庶民百
姓。这些注释与诠解的质量参差不齐,有的见解不凡,但仍
不能餍(yàn)足人心。如宋儒朱熹就以为"解注者甚多,竟
无一人说得他本意出,只据他臆说"(《朱子语类》卷一百二十
五)。元人杜道坚更称"道与世降,时有不同。注者多随时代
所尚,各自其成心而师之。故汉人注者为汉老子,晋人注者
为晋老子,唐人、宋人注者为唐老子、宋老子"(《玄经原旨发
挥》,《道藏》第十二册)。它们不啻给《老子》原书的解读添上了
重重障碍,但却又是今人究明《老子》原旨绕不过去的津梁。

简要地说,老子学说在战国时就广受重视,不仅韩非专门
作《解老》《喻老》以表达自己的理解,稷下慎到、环渊、田骈等
人也有许多阐发。到汉代,景帝以其"义体尤深,改子为经,始
立道学,敕令朝野悉讽诵之"(唐释道世《法苑珠林》卷五十五),一
时研议者众,据《汉书·艺文志》记载,计有《老子邻氏经传》
《老子傅氏经说》《老子徐氏经说》和刘向的《说老子》等多种。

不过要特别指出的是,汉人将老子与黄帝放在一起推尊,凡所论列实际已不再是原初意义上的老子之学;进而其所谓的道家,也已不再是今人所说的老庄道学,而如司马谈《论六家要旨》和《汉书·艺文志》所揭示的,指综合了儒、墨、名、法及阴阳家思想的黄老之学。

魏晋南北朝时期,《老子》一书在士族名流中尤其风行。借助《隋书·经籍志》的记载,可以知道自王弼以下,如钟会、孙登、刘仲融、卢景裕、李轨、梁旷、顾欢、孟智周、韦处玄、戴诜乃至梁武帝等人都有注释。可惜除王弼《老子注》外,其他均已亡佚。王弼自幼聪慧过人,才十多岁就好钻研老子之学,且通辩能言。他还著有《老子指略》一书,能打破汉代经学传统,对老子学说作出精辟的论述。且与嵇康、阮籍等人承庄子逍遥、齐物之说,任情发扬个体精神自由的志趣不同,他虽主张"以无为本""以有为用",并专注于自己玄学形而上学的建构,但相对而言,在将老子宇宙生成论改造为玄学本体论的过程中,对《老子》原典有很多的继承,对进入中土后的佛教以及宋明理学的影响也很大。

唐统治者自认出于柱史,开国即奉行"先老后释"的政策,因此其时注《老子》者也很多,史载达三十多家。不过,因唐宋时期儒释道三家并存,故一时注者如杜光庭、陆希声、陈景元等人,大多注意从魏晋人的玄学思辨中脱出,致力于"道物不二"与"体用一如"之旨的发明。不仅好用老子之说修身养性,如杜光庭的《道德真经广圣义》就综合三教思想解说《老子》,提出"炼心""炼形"之说,宋明理学家更沿用其所创设的"理""气""无极""动静"等名言讨论宇宙及心性本体,从而基于一种"明体达用"的言说立场,将其与儒家的"内圣外王"打通为一。

清代朴学盛行,孙承泽、毕沅、汪中、梁玉绳和崔述等人都对《老子》其人其作做过考证,提出过许多怀疑,但除傅山《老子解》和魏源《老子本义》等有数的几种外,义理上的发明似弱于前人。值得一提的倒是像王夫之《老子衍》和梁章钜《老子随笔》这类著作,前者将老子思想与佛禅、申韩并列为祸乱世道的根源,"于圣道所谓文之以礼乐以建中和之极者,未足以与其深也",后者干脆称"迄于李斯,竟缘此以亡秦,则老子实阶之厉也"。尽管具体论述中并未将其彻底否定,相反,如王夫之还认为择善而从可防"生事扰民",有益于治,但这样峻刻的批判,还是能给人认识老子之说的多方面影响以启发。

这种多方面影响自然在道教中体现得最为明显。如前所说,汉初黄老之学盛行,自汉桓帝在宫中立黄老浮屠之祠,老子渐渐化身为仙。以后,继民间形成宗教色彩浓厚的黄老道,到张陵尊老子,创天师道,晋时如《神仙传》将其进一步神化,奉为帝君,尊称老君,老子已非复原来的面目。然后再到南朝陶弘景《真灵位业图》拿太上老君道德天尊与虚皇道君元始天尊、太上道君灵宝天尊、后圣金阙帝君并列为最高神,其深入中国人信仰根底的形象重塑遂告完成。其"抱一守静""虚心实腹"等主张不仅成为神仙家的不二法门,并影响内丹一派及后世的气功养生,题名为吕洞宾所著《道德经释义》和晚清道士黄元吉所著《道德经注释》,就是其中有代表性的专书。此外,相对实在的是《老子》还被人视为兵书,如唐后期王真就著有《道德经论兵要义述》。这部道家军事政治学名著先后被收入明《正统道藏》和新编《道藏》,其中所阐述的"用其所不用""权与道合"等用兵之道,似乎确与老子的辩证思想有相通相合之处。

凡此为老学史发展的荦荦(luò)大端,至若其间种种委曲小变,不可胜道。之所以作此择要概述,除为了弥补因体例限制造成的本书论说上的缺憾外,私心也希望它能是一种提醒:当老子越来越多地为今人所熟知,道家学说甚至被一些学人奉为中国哲学乃至文化的主干(见陈鼓应《论道家在中国哲学史上的主干地位——兼论道、儒、墨、法多元互补》,《哲学研究》1990年第1期),如何不仅仅从"用"的角度作浮光掠影的阐发,还能从"体"的层面进入其思想的核心,是一道摆在人们面前的庄重的考题。

所以,值此书出版之际,我们还是要问,如果老子哲学是一个坚硬的核桃,那么它的核心向你敞开了吗？或者,你是它乐意敞开的那个人吗？

汪涌豪

癸卯秋于巢云楼